LingDong De
JiaoYu BiaoDa

灵动的教育表达

李传健 著

知识产权出版社
全国百佳图书出版单位

图书在版编目（CIP）数据

灵动的教育表达 / 李传健著 . —北京：知识产权出版社，2019.1

ISBN 978-7-5130-6026-4

Ⅰ . ①灵… Ⅱ . ①李… Ⅲ . ①教育研究 Ⅳ . ① G40-03

中国版本图书馆 CIP 数据核字 (2018) 第 298693 号

内容提要

本书从四个方面表达了对教育的热爱：一是教育之正定。阐述教育之本原，教师教学要坚守教育之本原，要以教育之本原为归依。二是教学之道。阐述各种不同的教学之道，教师要坚持让孩子始终站在自己的视野，走在智慧的教学之道上。三是从我做起。从全体学生的健康成长出发，教师的教学要从我做起，修养自我，成就好教师、好学校、好教育与好人生。四是教育研究之研究。阐述教育研究是教育发展的根本推动力，尊重不同的教学研究，尊重教学研究与教学管理之间的距离与矛盾，不消极，保持纯净的心，不断努力，教学研究才可卓有成效。

责任编辑：李　婧　　　　　　　　　**责任印制：孙婷婷**

灵动的教育表达

李传健　著

出版发行：**知识产权出版社**有限责任公司　　网　　址：http://www.ipph.cn

电　　话：010-82004826　　　　　　　　　　　　　　　http://www.laichushu.com

社　　址：北京市海淀区气象路 50 号院　　　邮　　编：100081

责编电话：010-82000860 转 8594　　　　　　责编邮箱：lijing@cnipr.com

发行电话：010-82000860 转 8101　　　　　　发行传真：010-82000893

印　　刷：北京九州迅驰传媒文化有限公司　　经　　销：各大网上书店、新华书店及相关专业书店

开　　本：720mm×1000mm　1/16　　　　　印　　张：16.25

版　　次：2019 年 1 月第 1 版　　　　　　　印　　次：2019 年 1 月第 1 次印刷

字　　数：220 千字　　　　　　　　　　　　定　　价：52.00 元

ISBN 978-7-5130-6026-4

留住灵动的魂（自序）

金银花的香是我最喜欢的香。

四五月间，山野的金银花应时开放。走近它，浸润在它的芳香之中，轻轻呼吸，胸中的污浊与烦忧一扫而净，整个人犹如一片新绿。

金银花的藤、金银花的叶、金银花的白、金银花的黄只是金银花的形，金银花的香才是金银花灵动的魂。灵动的魂来自金银花的心灵深处，飘逸轻盈，沁人心脾，了无踪迹。

我曾用相机拍下金银花的身影，曾把一束束金银花插在花瓶里，曾把晒干的金银花缝在布包里。我想以此留住金银花的香，想始终被金银花的芳香浸染，与金银花灵动的魂相伴，永远净如山泉、绿如新叶，可这些方法都是枉然。

金银花的形可以用物理或化学的方法留存，但金银花的香是金银花灵动的魂，灵动的魂不可存、不可留！

每当与金银花相遇，丝丝的遗憾总会涌上心头；每当这个时候，我就会想到自己，我的身材、我的容貌，是我的形，我灵动的魂又是什么？

人醒着，就有想法，一个想法过去，另一个想法又来。佛说人人有佛性，人人都可修炼到如如不动。其实，如如不动，也是想法，只是这种想法过去，接下来的还是这种想法。

我是一个教育研究者，与教育事实为伍，探索教育真谛是我的职责。深入教育事实与他人的教育观点时，我常会被教育事实与他人的观点点燃，一个个观点常会

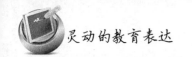
在我的心头生起。

读到"文字言说，并非智慧"，我便想到：文字言说，是智慧的桥梁，但只有离了文字言说，达到了彼岸，方可说成就了智慧。

读到"学习，创造经验，又积累经验"，我便想到：学习的方式不同，不同学生积累经验的方式就不同。低年级学生更多是在老师的帮助下学习，更多是在领会他人的经验基础上获得经验。

了解到"教材又改版了，教师感觉无所适从"时，我便想到：教材再变，它也只是教学的材料，我们可以使用这种材料教，也可以使用另一种材料教。教材改了版，好！看看新版的教材又有怎样的新意；下一期要用另外一套教材了，好！看看新的教材又会让学生有怎样的成长。

了解到"延长了教学时间，对教师进行了奖惩，也提高了教师的福利，但学校的教学质量仍不见提高"时，我便想到：提高教学质量的关键在于教师，引导教师研究与改革教学才是造就优秀教师的重要途径；忽视教学研究与改革的学校必定难以培养出优秀教师，必定难以提高教学质量。

……

这样的所思所想，犹如金银花的芳香，源于我的心灵，一阵一阵生起，闪着灵光。

这样的所思所想，常华丽而来，转瞬即逝。我想留住这样的所思所想，正如我想留住金银花的香。留住这样的所思所想，是留住我研究教育的足迹与生存于世的意义，是留住我灵动的魂。

怎样才能留住这样的所思所想？怎样才能留住我灵动的魂？

优美、真情、深邃地表达教育，是唯一的途径。

优美、真情、深邃地表达教育，是以轻松、自由的文体，美丽、灵动的文句表达教育，是真实、有感情地表达教育，是深刻地表达教育。我期待这样的表达能让自己欢喜、能让他人欢喜、能抒发正能量、能触及教育的真谛与人的心灵。

优美、真情、深邃地表达教育，是与自己灵动的魂相伴。与自己的灵动的魂相伴，我就能如金银花一样，蓬勃、芳香、笑脸向着太阳。

　　我不停地思考、不停地表达，就有了一篇篇文章，就有了这本书。不过，这本书只是我的所思所想、灵动之魂的载体。我的教育表达，尽管力求优美、真情、深邃，但绝非完全真实、绝对正确。读到这本书，不一定会提升思想，不一定会获得方法，但我期待，读到这本书的朋友能感受到我的真情，能理解我对教育的理解。朋友们的美好感受与共鸣是我进一步研究教育，优美、真情、深邃地表达教育的动力！

教 育 之 正 定

教 学 之 道

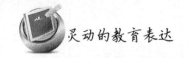
从 我 做 起

教 学 研 究 之 研 究

从 另 一 扇 窗 看 风 景

教育之正定

　　"正"是什么？"正"是老子所说的道、释氏所说的空，"正"是大树一样的挺拔、泰山一样的沉稳，"正"是不偏、不错、不变、不移，"正"是永恒。

　　教育之正，即教育的本原，即促进学生生长。

　　坚定教育之正，就是要认知教育之正；就是要让教育之正立在心头，挺拔如大树、沉稳如泰山；就是要坚守教育之正，让自己的教育理念与实践始终绕着"促进学生成长"转、朝着"促进学生成长"行，且不偏、不错、不变、不移。

　　教育正，则教育的方向正、目标正、内容正、方法正，则教师的师德正、技艺高，则学生成长健康、人格正。人正，则家齐、天下平。

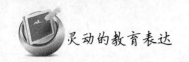

教育之正定

正己，方可齐家、平天下。

教育之正定，方可成良师、育好人。

"正"是什么？"正"是老子所说的道、释氏所说的空，"正"是大树一样的挺拔、泰山一样的沉稳，"正"是不偏、不错、不变、不移，是永恒。

天有天的"正"，人有人的"正"，教育有教育之"正"。

教育之正，即教育的本原。

不管知道还是不知道，认同还是不认同，教育之正就在那里，并且，始终在那里。

教育的本原，如天空般高远、阳光般普照，难以表达。如果硬要用文字表其意，我认为，教育的本原即促进学生生长。

无教育，不构成生长，学生的生长源于教育；无学生，教育也无，除了学生的生长外，教育不再有其他的呈现。

教育之正，高扬着教育的方向与目标，预示着教育的内容与方法。

教育之正，不是某种教育理念，更不是某种教育方法。恰如阳光、雨露、空气、土壤、浇灌等是一棵小树生长的条件，形形色色的教育理念、课程、方法以及环境只是促进学生生长的途径，只是教育理论转为实践的方式。

正己，即自己坚定"正"。

教育之正定，即坚定教育之"正"。

认知教育之正，是坚定教育之正的前提，但要坚定教育之正，认知教育之正，还不够，还得坚守教育之正。

坚守教育之正，就是要让教育之正立在心头，挺拔如大树、沉稳如泰山；就是要让自己的教育理念与实践始终绕着"促进学生生长"转、朝着"促进学生生长"行，且不偏、不错、不变、不移。

教育之正如阳光、雨露一样的无限。散落于世的教育观点与行为，只是某个盲人摸到大象的某个部位。

教育之正定了，层出不穷、纷纷扰扰的教育思想与理论，都只是教育存在与充满活力的表现，只是让人兴奋不已、烦忧丛生的虚妄，只是一时的生灭。

教育之正定了，教育官员的话语、教育专家的说辞都只是对教育的一种解读，某校的办学模式、某教师的教法都只是实施教育的一条路径。

教育之正定了，你就不会把某种教育思想当成教育本身，你就不会仅以自己简陋的经验与肤浅的认知筑起教育之厦，你就不会有成见，也不会有自己。

教育之正定了，你就不会一时认定这种教育思想，一时又否定这种教育思想；你就不会一时把某种教育方法当成教育的救命稻草，一时又把这种教育方法说得一文不值；你始终会以促进学生生长为己任，不会成为墙头草；你不会偏离教育之正道而伤害学生、伤害教育。

教育之正定了，在百花烂漫般的热闹中，你能安静地教育；在口若悬河的鼓动中，你能不语地教育；在闪着金光的名利诱惑中，你的教育不偏、不错、不变、不移，永如大树一样高耸、泰山一样沉稳，始终朝着"促进学生生长"方向前行。

世道在变，教育也在变，但教育之正不变。不断兴起的一切教育思想与行为，都不可能创新教育之正。学习与思考教育，只是认知、保鲜教育之正；实践与创新教育，只是坚守、表达教育之正。

教育正，则教育的方向正、目标正、内容正、方法正，则教师的师德正、技艺高，则学生能健康生长、人格正。人正，则家齐、天下平。

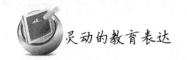
教育纷扰之根

开放自我，宁静自我，俯瞰教育，教育之所也一样熙熙攘攘。

熙熙攘攘，皆为利往。利者，往者心中事物之价值。

何谓价值？价值是一种关系，一种客体能够满足主体需要的效益关系，一种表示客体的属性和功能与主体需要间的效用、效益或效应关系。

事物都拥有本身的属性和功能，但事物的属性和功能并非价值。事物的价值并非事物本身所固有，只有事物的属性和功能与主体构成关系，事物才拥有价值。

有人，必有教育。教育是世间一重要、被普遍接受与实践的事物。人与教育有不可分离的关系，教育也就必有价值。

教育价值，是教育活动的有用性或效用，是人们有意识的掌握、利用、接受及享有教育时，对教育活动有用性的看法和评价。

主体对教育的看法与评价形成教育价值。人们审视和判断教育价值，一定以某种或自身的利益和需要为根据。站在不同的立场，教育定会呈现出不同的价值。

在有些人的眼里，教育价值分为内在价值和外在价值。

教育的内在价值也可说是理性价值，即教育从人性发展的需求出发，呼唤完善个人人格，使教育对象具有良好的思想道德品质和综合素养。此时的教育一般表现为知识、能力、真理而教与学的手段、方法或途径。

教育的外在价值也可以说是工具性价值，即教育教会人们生存的本领和技能，具备相关的知识和能力，更好地为个人的生存与社会服务。此时的教育一般表现为实现人本外在的目的的手段、方法或途径。

在有些人的眼里，教育价值却分为社会价值和个人价值

教育的社会价值是教育对社会存在、延续和发展需要的满足，满足社会需要过程中体现出自身的价值。此时的教育一般表现为政府、党派或社会培养所需人才的手段、方法或途径。

教育的个人价值是教育对人的生活和人自身发展需要的满足，在满足个人需要中体现出自身的价值。此时的教育一般表现为争取美好生活的手段、方法或途径。

当然，还有人认为，教育价值包括人文价值和科学价值。

还有人认为，教育价值包括继承价值和创新价值。

还有人认为，教育价值包括理想价值和现实价值。

还有人认为，教育价值包括专门价值和公共价值。

教育价值不只一面。认知教育价值，我们不能一叶障目、盲人摸象，而应全面、整体地认知。

教育的内在和外在价值就不能截然分开。教育内在价值的实现，在很大程度上可以促进外在价值的实现，实现外在价值的同时，教育的内在价值也可能得以实现。同样的教学行为，在不同的关系背景中有时呈现的是内在价值，有时呈现的是外在价值。

教育要有助于受教育者接受人类精神文化，并在文化的传递与接受过程中，让每个受教育者的人格得到陶冶。教育要以培养全面发展的人为根本目标，体现科学价值。

人类要生存与发展，教育就要继承传统，也要超越传统和创造未来；就要忠于现实，也要超越现实，追求理想，实现理想。教育的现实价值可见、可得，能让人们有获得感，能维持与增进人们的幸福。教育的现实价值举足轻重，不可轻视。尽管人们期待理想，着眼未来，但很多时候，教育的理想价值总是从属于现实价值。

还有，教育既要满足社会需要，又要满足个人需要；既要选拔培养专门人才、精英人才，又要普遍提高公民科学文化和思想道德素质。

教育价值的各个方面不可分割，只有各个方面的价值相辅相成，科学构成一个

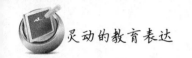

整体，教育才可得到社会与群众的认可，才可有好的发展。

当然，教育价值在于发现、挖掘、发挥、引导、形成人的价值。精神价值是人的最高价值。所以，教育的根本价值在于通过有价值的知识、能力和品德教育形成人的精神价值。

认知了教育价值，人们才可能认可教育价值。人们只有认可了教育价值，才可能有实践教育价值的路径。不认可教育价值，教育也就没有价值，人们也就不可能有教育实践。

如果教师认为从事教育对自我的生活与发展没有价值，那尽管教师从事教育，心里也不会有教育；尽管教师站在课堂上，也会一副无可奈何、枯燥无味、度日如年的模样，并且只要有机会，教师就会毅然决然地离开教育界。

如果学生认识不到教育的价值，那学生就不知学习为何物，就全无学习兴趣，就不会主动思考与学习，往往茫然学习多年，多年后茫然离去。

认知教育价值，人们大都是以自己的利益或需要为根据。所以，不同的人，认知或认可的是不同的教育价值，实行的是不同的教育实践。

如果认为考上大学，就是学习的全部价值，那道德的修为、学习的快乐与享受就会从中小学教育中消失。

如果认为帮助学生在中考、高考等各类考试中获得好分数，是教学的全部价值，那么教师就可能不顾学生的个性发展，而强迫学生利用每分每秒学习所要考试的科目。

如果认为高的升学率就是办学的价值，那学校就认为教学研究、教学改革、教学创新只是形式主义，而增加教师教与学生学的时间，增强教师教与学生学的强度才是最实在、最有效的教学方法；就可能只开设所要考试的课程，认为开设其他不考试的课程是浪费学生的美好时光。

正由于这样，教育之所，就有这样的教育观点，也有那样的教育观点；有这样的教学实践，也有那样的教育实践；一种观点出来，另一种观点就来攻击；一种实践过去，另一种实践又来修正。

教育之所，也就观点对立，是非丛生，纷纷扰扰。

事物的根本属性与功能，不会多，不会少，也不会变。教育有其本来的属性与功能，只是由于人们有了不同的认知，教育才有了不同的价值，才有了如此多的对立、是非与纷扰。

可是为何人们对教育价值有这样的认知而没有那样的认知？认可这样的教育价值而不认可那样的教学价值？

这样的认知来自人的本性、人生经验、认知水平以及所处的地位等。人的本性、人生经验、认知水平以及所处的地位等决定了一个人的认知。

一个应试教育的既得利益者，就可能认为教育的价值就是现实的；一个应试教育的受害者，就可能认为教育的内在价值才至关重要；一个有孩子正在就读高三的家长就可能认为学校教育的最大价值就是帮助他的孩子考上一个好大学；一个没有小孩在学校就读的社会人士可能会大声疾呼教育要关注教育的内在价值，或理想价值，或社会价值。

不同的人，会有不同的认知。千差万别的认知，生成了千差万别的教育价值。有了千差万别的教育价值观，也就必有千差万别的教育实践。

教育纷扰之根，在于教育本来的属性与功能，在于人们对教育的本来属性与功能的不同认知。

教育的纷扰可否清除？教育之所可否清澈？

追问之时，我想起了老子说过的世界的根本之理：道生一，一生二，二生三，三生万物。万物之根在于道。道不多不少，不变不移，道不可除。道在，万物就在；万物在，纷扰必在。

教育的属性与功能不可除，人们的认知不可除。教育之所必始终纷扰。

正如鸟儿借助空气而飞翔，教育必挟裹着纷扰而前进。

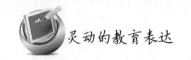

欲中之教育

人人都有欲。境由心生，事因人起。欲是万事之根。

想吃饭是欲，想挣钱是欲，想建功是欲，想去远方是欲，想吟诗作文是欲，想聚会取乐是欲，想什么都不想是欲，想清净无欲也是欲。

欲，是人之欲，欲的本质是自私。想自己要怎样，是私欲；想要为他人怎样，是自己之所想，也是私欲。

有人，才有所谓的教育。教育因人而起，教育之根是人之欲。

想传播文化是人类之欲，想按自己的教育理念办学是教育管理者之欲，想从事教育获得生存的名利是教师之欲，想掌握生存技能是学生之欲，想自己的孩子胜于他人的孩子是家长之欲，想向学生推销教辅资料是商人之欲。

有欲，必有为。知行不可分，欲、为共一体。

想传承文化，人们就建立学校、制定实施教育的法律法规与制度；就设置课程、选择教学内容，奉某些文化为经典，把某些文化判定为糟粕。

想按自己的教育理念办学，教育管理者就利用权威向老师灌输自己的办学理念，通过制度强制践行自己的办学理念；就标榜自己办学理念如何优越，否定他人的教育理念与教育实践。

想从事教育获得生存的名利，教师就更多地学习，不断地思考与创新，成为能得到学生、家长、上级肯定的好老师：就在教学比赛、论文写作、考试评比中努力表现，甚至弄虚作假、自我吹嘘，博得名利；就利用空余时间从事有偿辅导或办企业做生意获得额外收入。

想掌握生存技能，学生就发挥悬梁锥骨的精神努力学习考取大学；就不惜时间、精力、金钱，甚至丧失人格去远方拜师学艺。

想自己的孩子胜于他人的孩子，家长就仿孟母三迁选择生存的环境与孩子就读的学校；就通过请家教、贿赂老师等手段为孩子争取更好的教育。

想向学生推销教辅资料，商人就鼓吹学生作业做得越多就是教师教得越扎实、学生学得越勤奋的观点；就通过贿赂或其他途径施压校长与教师，使校长与教师成为自己推销教辅、增加学生学业压力的帮凶。

欲是教育生起之根，欲也是教育发展之动力。正由于教育管理者、教师、学生、家长及社会各界人士有欲、有为，教育才生长，人生才生长，社会才生长。

人之欲是私欲。但人之私欲难以独善其身，难以独成一统。己之欲，必被他人之欲所控制与利用，必与他人之欲纠缠一起，难分是非。

想按自己的教育理念办学，本是教育管理者的欲。对于管理者之欲，老师们心领神会，满足管理者之欲，就是满足自己之欲。所以不管管理者的理念与措施是否体现了教育的本质、是否符合学生的利益，凡是管理者提倡怎样的教育理念，老师就认可；凡是管理者推行怎样的教育措施，老师就实施。

想自己的孩子胜于他人的孩子，本是家长之欲。有些人看到家长之欲，就喜笑颜开，家长之欲成了某些人创业、发财的良机。办学者建设一流的学校，吸引学生就读，收取高额学费；从商者通过举办各种文化补习班或特长培训班而获得丰厚的利益。

教育管理者为了取得所谓的好质量，便不管不顾学校的办学理念与行为，只要学校培养出了几个上名校的学生，引起了社会关注，就洋洋得意，自以为办出了好教育；为了督促师生教与学，便对义务教育阶段的教学进行统一考试，并依考试成绩对学校进行排名与惩罚。

教育如何才能澄清、有序？克己复礼，是澄清教育、保障教育有序运行的根本之道。

克己，方可达礼。不克己，再多的师德要求、教育法律法规也形同虚设，他人再多的努力也没有意义。

克己是向内求，是不把混乱、纷扰的责任推给他人，是强调每一个与教育相关的人透彻理解把握教育的本质，有力控制自我，依教育的本质与法规施教。

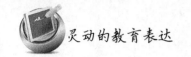
克己，又必以礼而克。就教育而言，礼者，师德、教育原则与法律。只有管理者制定出恰当的教育规则与法律，教师不断修养师德，与教育相关的人都敬畏、坚守、遵循教育原则与法律，世间之教方可澄清、有序。

可克己复礼，是一场自己对自己的战斗，这样的战斗从来就没有过全面的胜利。教育的澄清与有序，同样也不可能有全面的胜利，它只可能是有识之士为之奋斗的理想与期待。

什么是教育质量

年过半百，心头总还有疑惑萦绕。

任教近三十年，目光总还难以抵达教育的真相。

什么是教育质量？我就一时难以说出个所以然。

但这样的疑惑并没有让我消沉与迷失，相反，这样的疑惑常如有魔力的亮光，牵引我穿过迷茫，走过无知。

什么是教育质量？要弄清它，我想先要知道什么是质量。

质量的含义有多种。对于一件工作而言，质量就是工作的优劣程度（《现代汉语词典》），也可以说是工作的固有特性满足明示的、通常隐含的、必须履行的需求或期望的程度（ISO 质量体系）。

我更认可后者的说法，后者具体而明确地说明了哪些方面的优劣程度构成了工作的质量。

从质量的含义出发，教育质量便可定义为教育工作的固有特性满足明示的、通常隐含的或必须履行的需求或期望的程度。

如果认可这样的定义，我们就可以看到构成教育质量的关键元素有两个：一是教育工作的固有特性；二是满足需求或期望的程度。理解什么是教育质量，就是要理解构成教育质量的这两层关键含义。

教育实施了，教育就必形成、呈现一定的特征，这些特征就是所实施的教育工作所固有的特性。

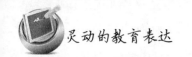

如果没有人及衡量标准介入，教育的特性只是特性，不可说是教育质量。只有当人及衡量标准介入，也就是说教育的特征在一定程度上满足明示的、通常隐含的与必须履行的需求或期望时，教育特性才成为所谓的教育质量。

所要满足的需求与期望主要包括三个方面：一是满足明示的需求与期望，也就是满足明确规定的要求或目标的需要与期望，如学校明确规定"不让一个学生失学""中考或高考成绩要达到全市第几名"；二是满足通常隐含的需求与期望，也就是满足惯例或习惯的需求与期望，如"文化成绩好的学生是好学生""升学率高的教育就是好教育""媒体上赞扬过的学校就是好学校"；三是满足必须履行的需求与期望，也就是满足法律法规或行业规则的需求与期望，如"不能伤害学生""某个学段应开设哪些课程""哪门课程的教学要达到怎样的标准"。

任何词的含义并不固化。由于人们与社会的需求和期待是动态的、相对的，教育质量这个词的含义也是随着时间、环境、社会的变化而变化的。

正由于此，不同的历史时期会有不同的教育质量，不同的国家会有不同的教育质量，不同的人的眼里会有不同的教育质量。

教育固有特性满足某些方面的需求或期望的程度，称为教育质量。满足需求或期望的程度总有高低之别，各个学校的教育质量必定有所不同。

衡量教育质量的高低，大家都期待一个水平线，或者说一个标准。为此，人民群众在讨论，教育专家在研究。但是，一种机器零件的标准易定，教育质量的标准难寻。对于教育质量，不同的人有不同的标准，不同的时代有不同的标准，不同的环境有不同的标准。到了中考或高考公布分数后，多所学校都在媒体上宣扬自己学校的教育质量高，就是例证。

各有各的标准，也就没有标准。教育质量的高低，也许只是相对而已。

这所学校与所在区域内的学校相比，它的教育质量是高的，但与另外区域内的学校相比，它的教育质量就不一定高；简陋得不可再简陋的农村学校规范地办学，实现了办学目标且满足了农村学生上学的需要，这所学校的教育质量也可以说是高的。

一般而言，只有同时满足了明示的、通常隐含的或必须履行的等方面的需求或期望，也就是说规范办学的程度、办学目标的达成程度及适用人们与社会对教育的习惯认知程度等都高，才可以说这样的教育质量高，这样的教育是好的教育。

但现实中，高质量的教育，或好的教育却常常是一个片面的说辞。教育的一个方面的程度高，就常被当成了高质量的教育。如不顾学生的全面发展、唯升学率的教育常被当成高质量的教育。

有教育，必有教育管理。管理教育的根本目的是提高教育质量。

以提升教育质量为根本目标的管理被称为教育质量管理。

质量管理是在质量方面指挥和控制某项工作的协调活动，通常包括制定质量方针和质量目标以及质量策划、质量控制、质量保证和质量改进。

就学校而言，教育质量管理可以概括为教育质量理念的树立、教育质量管理体系的构建、教育管理方法的运用、不断改进教育质量机制的建立等。

质量观念是教育质量管理的核心，有什么样的质量观，就有什么样的教育管理体系、方法与改进机制。

但不管有什么样的质量观念，不管期待得到什么样的教育质量，每一个教师、每一所学校都在想方设法提高教育质量。

提高教育质量，必须有具体而有效的策略。规范办学有策略，达成办学目标有策略，满足人们与社会的教育需求有策略，管理者有管理者提高教育质量的策略，教师有教师提高教育质量的策略。

我不可能穷尽提高教育质量的策略。为了更简洁、更具体、更有成效理解提高教育质量的策略，只能从某个角度来探究。

假如把学生的文化考试成绩当成学校的教育质量，那从学校管理的角度看，提高这样的教育质量又会有怎样的策略？

一般学校都采用这么三类策略：一是增加教师教与学生学的时间；二是评价教师教与学生学的效果；三是改善教师教与学生学的条件。

具体来看，增加教师教与学生学的时间，争取早晚教学的时间；就是改变课时计划，增加教师每天的教学课时；就是为师生订购更多的教辅，让师生挤出更多时间完成教辅的教与学。评价师生教与学的效果，就是每期甚至每月都进行统考，根

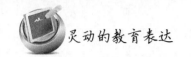

据考试成绩对师生的教与学进行排队、表彰、处罚。

但增加师生教与学的时间，并不是教育管理者简单地给师生增加的教与学时间，而应是教师主动利用时间研究教学、寻求高效教学的路径，是学生由于热爱学习而自主利用时间学习；评价师生教与学的效果，并不是要把评价当皮鞭，让师生有透不过气的压力，而是要通过评价激发师生的教学热情，引导师生更持久、更有效地教与学。改善师生教与学的条件不是要让优越的教学条件消磨师生奋斗的意志，而是要激发师生的感恩之心，让师生体会到教与学的幸福，把更多的精力投入到教与学之中。

科学地运用这三种教学策略不容易。

实践中，这三种策略常被片面地理解、被简单地运用。如果片面地理解、运用这三种策略，那这三种策略就是非常简陋的。

只要是人，坐在了教育管理岗位上，就会增加师生的教与学的时间，就会组织统考，就会对师生的教与学进行排队、表彰与处罚，就会改善师生教与学的条件。

这三种策略本来都是教育实践自身之外的制度或要求或指示，片面地运用，管理者就无需太多的思考力、专业领导力与实践力，无需思考实践并在实践中寻找提高教育质量的路径，而只需站在教育实践之外袖手旁观、指手画脚。

如此运用这三种策略，教育质量能得到提高吗？某些寄宿制学校的教育质量就比非寄宿制学校高吗？某些月月进行统考，并对教师进行严厉奖惩的学校的教育质量就比那些不月月进行统考的学校高吗？某些教学（特别是福利）条件很好的学校的教育质量就比条件艰苦的学校的高吗？

不一定。

提高教育质量，除了以上三种策略，还有一条策略——研究、改革教学。这条策略，才是提高教育质量的根本、核心的策略。

研究、改革教学，就是要深入教学一线了解教学，就是要研究、管理教学过程，就是要提高教师的专业素养和专业意识，就是要寻求最有效的教学方法来提高教育质量。

有了好的教师，才可能提高教育质量，才可能有好的教学。好的教师不会凭空而来，好的教师必来自于教育研究与改革之熔炉。研究、改革教学是提高教师专业素养的根本路径。

充裕的教学时间、科学的教学评价、优越的教学条件是提高教育质量的外因，教学研究与改革才是内因。没有教学研究与改革，再多的教学时间、再严厉的教学评价、再优越的教学条件也不可能提高教育质量。

教育质量的鉴定早就明确，一直就在那里。但有多少人就有多少教育质量观，有多少学校就有多少教育质量观，无处不在的教育质量观常常片面存在。

片面的教育质量观，如大山，如厚厚的云，挤压出一片片迷茫，一个个疑惑。

什么是教育质量？许多人疑惑了。

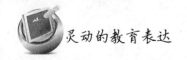

法律法规视角下的中小学教育

通常而言，中小学教育是指义务教育和普通高中教育。

世事不可脱离社会而存在，社会总以法律法规为准绳而有序运行。行事，必依法；施教，必依法。

怎样办中小学教育？依法即可。

中小学教育法律法规有很多，摘要其中一部分，便可知办中小学教育应遵守怎样的要求与规定。

关于中小学教育，《国家中长期教育改革和发展规划纲要（2010—2020年）》这样要求："把促进学生健康成长作为学校一切工作的出发点和落脚点。关心每个学生，促进每个学生主动地、生动活泼地发展，尊重教育规律和学生身心发展规律，为每个学生提供适合的教育。""把改革创新作为教育发展的强大动力。教育要发展，根本靠改革。""把提高质量作为教育改革发展的核心任务。树立科学的质量观，把促进人的全面发展、适应社会需要作为衡量教育质量的根本标准。"

关于义务教育，《中华人民共和国义务教育法》这样规定："义务教育是国家统一实施的所有适龄儿童、少年必须接受的教育，是国家必须予以保障的公益性事业。""义务教育必须贯彻国家的教育方针，实施素质教育，提高教育质量，使适龄儿童、少年在品德、智力、体质等方面全面发展，为培养有理想、有道德、有文化、有纪律的社会主义建设者和接班人奠定基础。""教育教学工作应当符合教育规律和学生身心发展特点，面向全体学生，教书育人，将德育、智育、体育、美育等有机统一在教育教学活动中，注重培养学生独立思考能力、创新能力和实践能力，促进学生全面发展。"（内容）"国务院教育行政部门根据适龄儿童、少年身心发展的状况和实际情况，确定教学制度、教育教学内容和课程设置，改革考试制度，并改进高级中等学校招生办法，推进实施素质教育。学校和教师按照确定的教育教学内容和课程设置开展教育教学活动，保证达到国家规定的基本质量要求。国家鼓励学校和教师采用启发式教育等教育教学方法，提高教育教学质量。"（课程与教法）

《国家中长期教育改革和发展规划纲要（2010—2020 年）》还这样要求："严格执行义务教育国家课程标准、教师资格标准。深化课程与教学方法改革，推行小班教学。配齐音乐、体育、美术等学科教师，开足开好规定课程。"（课程与教法）"各级政府要把减负作为教育工作的重要任务，统筹规划，整体推进。调整教材内容，科学设计课程难度。改革考试评价制度和学校考核办法。规范办学行为，建立学生课业负担监测和公告制度。不得以升学率对地区和学校进行排名，不得下达升学指标。规范各种社会补习机构和教辅市场。加强校外活动场所建设和管理，丰富学生课外及校外活动。"（政府的减负责任）"学校要把减负落实到教育教学各个环节，给学生留下了解社会、深入思考、动手实践、健身娱乐的时间。提高教师业务素质，改进教学方法，增强课堂教学效果，减少作业量和考试次数。培养学生学习兴趣和爱好。严格执行课程方案，不得增加课时和提高难度。各种等级考试和竞赛成绩不得作为义务教育阶段入学与升学的依据。（学校的减负责任）

普通高中教育作为衔接义务教育和高等教育的重要阶段，是基于学生的共同基础、为学生作好专业选择和融入社会担当责任而提供的高一级基础教育。

关于高中教育，《国家中长期教育改革和发展规划纲要（2010—2020 年）》这样要求："高中阶段教育是学生个性形成、自主发展的关键时期，对提高国民素质和培养创新人才具有特殊意义。"（性质）"注重培养学生自主学习、自强自立和适应社会的能力，克服应试教育倾向。""全面提高普通高中学生综合素质。深入推进课程改革，全面落实课程方案，保证学生全面完成国家规定的文理等各门课程的学习。创造条件开设丰富多彩的选修课，为学生提供更多选择，促进学生全面而有个性的发展。积极开展研究性学习、社区服务和社会实践。建立科学的教育质量

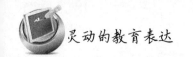
评价体系，全面实施高中学业水平考试和综合素质评价。建立学生发展指导制度，加强对学生的理想、心理、学业等多方面指导。"（内容）"推动普通高中多样化发展。促进办学体制多样化，扩大优质资源。推进培养模式多样化，满足不同潜质学生的发展需要。探索发现和培养创新人才的途径。鼓励普通高中办出特色。鼓励有条件的普通高中根据需要适当增加职业教育的教学内容。探索综合高中发展模式。采取多种方式，为在校生和未升学毕业生提供职业教育。"（办学方式）"完善初中就近免试入学的具体办法。完善学业水平考试和综合素质评价，为高中阶段学校招生录取提供更加科学的依据。改进高中阶段学校考试招生方式，发挥优质普通高中和优质中等职业学校招生名额合理分配的导向作用。"（招生）

　　法律法规对中小学的课程开设与实施、教学任务与方法、办学与招生方式等都有明确的要求与规定。有了明确的要求与规定，中小学是否就依法依规办学？在很大程度上来说，中小学并没依法办事，中小学教育常逆法律法规而行。

　　有些教师为了提高自己所教班级在各级各类考试中的总体成绩，就驱赶或劝退学业成绩差、正在接受义务教育的学生。

　　有些学校为了强化应考科目的学习或以没有专业的相关学科教师为由，不按国家的课程计划开设课程，把本应属于科学、音乐、体育、美术等课程的教学时间用于语文、数等学科的教学。有些学校尽管按国家的课程计划开设了课程，但学校不管理所开设的课程，使得这些开设的课程仅停留在课表上，形同虚设。

　　有些教师为了教学更轻松、简单，就省去实验教学，纯讲授性地讲解小学科学、中学物理、中学化学等实践性、探究性、活动性强的学科。

　　有些学校以提高教育质量为由，改变国家制定的课程计划，随意增加教学课时。小学六年级的周课时只有 30 课时，有些学校却增加到 40 课时。

　　有些学校侵占学生的周末休息时间，成建制补课，收取补课费。

　　有些教育管理者为了督促师生教与学，提高所谓的教育质量，对义务教育阶段学校的教学进行统一考试，并依考试成绩对学校进行排名与惩罚。

　　有些学校与教师只重视对学生的书面考试，而在学生的综合素质评价中弄虚作假。

　　有些学校仅凭自己对教育的理解与经验，只关注尖子学生的学习，以学校考多少重点高中或北大清华学生为教学目标，不面向全体、不改革教学、不促进学生的全面发展。

基于各种原因，有些学校或教师要求学生购买各种各样的教辅资料。

显然，以上的教育行为违法违规。这样的教育行为构成了教育的乱象。处于乱象之中，大家往往争论不休，分不清是非，找不到出路。

有些学校大幅增加教学课时，学生连休息的时间都很少，上了学，学生的生活里就只有两个字：学习。面对这样的办学行为，教育管理者、社会各界还常认为这样的学校抓得紧，办学实在，是一所好学校。

有些教育管理者为了抓所谓的教育质量，对义务教育阶段学校的教学进行统考，并诫免谈话考试排名后三名的学校校长。对于这样的教育举措，许多人，包括一些校长与教师却欢欣鼓舞，认为这样管理中小学教育抓住了教育的根本，是对学生负责、对百姓负责、对教育负责。

有些小学以没有专业的学科教师为由还不开设科学、音乐、体育、美术等课程。这样的做法却得到了包括教育管理者等许多教育工作者的同情与认可。其实，规模小的小学，如村小，不可能容纳专业的科学、音乐、体育、美术等学科教师。小规模学校的小学教师必须是全科教师。如果这些学校的老师现在还不能胜任科学、音乐、体育、美术等课程的教学，那老师们就要赶紧自学，师资培训部门就要赶紧培训。

有些教师把不按课程标准开足开好课程、不能有效改革教学、不能办出学校特色都归结为上级要对教师的教学进行考试。总认为我是努力的，是他人无所作为；我是没错的，是他人胡乱作为。

面对无穷的乱象与纷扰，教育管理者、教师常不知什么才是好的教育，常不知如何才能办好教育。久而久之，对中小学教育的倦怠、无助、失望情绪就涌上了大家的心头。

怎样才能澄清教育的乱象与纷扰？依法行教即可。

研究起来，原因很复杂。但如果浅显地看，也很简单。其原因不外乎两个方面：一方面是我们处事总是差不多就行，总以自己的利益满足作为处事的根本目的，总以得到他人（主要是自己的上司）的评价为处事的价值判断。如此而来，我们的教

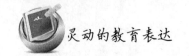

育必成为满足自己的价值、为得到他人的好评的教育。另一方面我们制定了许多的教育法律法规，却几乎没有教育法律法规执行的监督者。如果说有，各级教育督导可以算，但教育督导隶属于教育行政。自己的手下来监督、惩处自己的上级，不可能。

有教育法律法规，却无人执法；无人执法，教育人必有法不依；不依法施教，教育必乱象丛生、纷扰不断。这是当前中小学教育的现实，当事者应有客观、清醒的认知。

办学，要做好四件事

本文所说的办学是指一个校长办一所中小学校。

一个校长要怎样才能办好一所中小学校？这是一个平凡、陈旧、他人早已说烂了的话题。我之所以重拾这个话题，只是为了整理自己对办学的认识。

我认为，一个校长办学，主要要做好以下四件事。

第一件事是明确办学的内容。

办一所学校，校长最少要明了自己应做什么。学校是一个微型社会，办学的内容繁杂，但归纳起来，不外乎这么几个方面：一是建设学校环境，二是明确办学理念，三是做好常规教学，四是改革创新教学，五是科学评价教学。

学校环境建设是办学的基础。它主要包括学校硬件建设、学校师资建设、学校文化建设、学校与社会的关系建设四方面。说学校环境建设是办学的基础，是说有了好的学校环境，校长才可安心、专注地做教育教学工作，才可能把教育教学工作做出高品质。

如果一所学校连实验室、操场都没有，如果一所学校师资残缺，那校长想要促进学生全面发展、办出高质量的教育，只可能是空谈。如果校长与上级、社会各界以及学校教师矛盾重重，那学校运转就会寸步难行，就更不应说办出好的教育质量了。

明确办学理念是办学的根本。办学理念是办学之纲、办学之灵魂，也是校长的教育认知与办学理想的体现。有纲，目才可张；有灵魂，学校才有血有肉，才有生命力；有办学理念，办学才有明确的方向、目标与追求。依办学理念办学，办学才

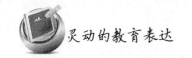

可能有序、高效。

如果没有办学理念，上级组织统考，学校就接受统考；上级没组织统考，教师就随随便便教完教材，甚至一学期下来或几学年下来，大家全然不知教学的方向与目标，那这样的办学就是做一天和尚撞一天钟，不可能办出特色与成效。没有办学理念，一所学校看起来依然有学生进进出出，有老师备课、教学，但学校已如一具僵尸，失去了活力。没有活力的学校本质上不可称之为学校。

老师工作几年后，就有了职业倦怠感，所在学校没有办学理念、没有追求与奋斗目标是其重要原因。

做好常规教学是办学的主要任务。教学常规是实现办学理念的教学规范。教学常规不是一成不变的，不是说20世纪学校的教学常规是这样，本世纪的教学常规还是这样；不是说甲学校的教学常规是这样，乙学校的教学常规也是这样。教学常规应随时代的变化而变化，应随办学理念的不同而变化。

常规地教学是实现办学理念的行为方式，是学校的中心工作、主要任务。做好常规教学，学校首先要依办学理念制定好教学常规，其次要要求教师按制定好的常规教学。按常规教学，是落实办学理念的保障，是教师教学的基本要求，是办学的底线。

如果学校的教学常规要求教师集体备课，教师却把集体备课当成闲谈的机会，如果学校的教学常规要求教师以自主、合作、探究的方式组织教学，教师却始终以讲授的方式组织教学，那学校的教学就并没有朝着已定的方向走，学校也就成了一所没有灵魂、没有统一方向与目标、各自为政的学校，办学就无法达成目标。

改革创新是学校发展的根本路径。时代是发展的，新的时代会出现新的理论与方法。遵循常规，是保障完成办学的既定任务。与时俱进，学校才可拥有生命力，才可取得长足发展。同时，办一所学校应追求更高目标，也就是要形成办学特色，要取得不同于一般的教学质量，要拥有独特的办学经验与新的教学理论。学校要实现这些追求，改革创新是根本路径。

学校的改革创新主要包括办学理念的改革创新、学校管理的改革创新、教育教学方法的改革创新以及教育教学评价的改革创新。

科学地评价是学校坚持正确的办学方向、激发教学动力的保障。任何地方，都存在评价，但学校的评价应是以办学理念为依据，对办学行为进行科学评价。

具体而言，科学地评价，要能督促办学行为落实办学理念。实践中，有办学理念，教师的教学不一定走在落实办学理念的路上，这就需要科学评价来检测、来督促。如果有"要培养学生的科学探究精神与能力"的办学理念，却不对教师是否在教学中培养了学生的科学探究精神与能力进行评价；如果有"要促进学生全面发展"的办学理念，却不去评价音体美劳等课程的教学实际，那就无法保证教师的教学是否落实了办学理念，办学行为与目标就不一致。

科学地评价既要为教师创造成功的机会，也要让教师看到自己的不足；要能激发出教师进一步努力工作的动力，千万不要因为评价而让同事之间产生矛盾、让教师失去教学的信心。

第二件事是不忘办学的初心。

初心就是校长的办学理念与理想。不忘办学的初心，就是校长要明确自己的办学理念，要坚守自己的办学理念，要始终高举办学理念这面旗帜。

不忘办学的初心，就是校长要让学校的每一位员工都理解、把握办学理念，并围绕办学理念开展教学。

不忘办学的初心，就是校长在进行学校环境建设、开展常规教学、改革创新教学、对学校的各项工作进行评价时，要以办学理念为依据，要以是否落实了办学理念为尺度。

第三件事是整体地实施。

明确了办学内容，接下来就是实施。如何实施？我认为整体地实施是基本的原则与途径。

整体地实施，就是校长要明确把握办学内容。学校环境建设、办学理念构建、常规教学实施、教学的改革创新、科学地评价教学等内容都是校长要做的工作。校长不能只知道行使管人管钱的权力，而不清楚办学具体应做什么。校长也不能一叶障目，不见森林，不能把大象的腿认作大象，不要认为当校长就是在外面拉投资，学校的其他事都是其他人（副职与老师）的事。完整地了解办学内容是校长有效办

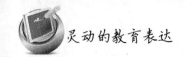

学的前提。

整体地实施，就是校长要知道各项办学内容是一个有机体。要办出一所健康的学校、好的学校，哪一个方面的工作都不可忽视，哪一个方面缺失了，学校就会成为一所有缺陷的学校。

如果校长很注重办学理念的创新，甚至自己还能够外出做讲座、写作出书，学校却没有制定落实办学理念的教学常规，也没有督促教师做好教学常规的措施，学校的教学见不到办学理念的影子，学校的教学与办学理念两张皮，那么校长再有新颖的办学理念也只是空谈、只是哗众取宠的形式，也办不出一所体现校长办学理念的学校。

如果学校校长只抓考试评价，坚守"白猫黑猫，只要抓得到老鼠就是好猫"的理论，认为只要教师的教学在统考中取得好的成绩就行，至于教师是否占用了其他没统考科目的教学时间、是否增加了学生的课业负责，甚至是否是通过驱赶落后学生、组织学生舞弊等手段获得的考试分数，都不管，那么尽管校长有力地抓了教学评价，这样的办学也是不合格的，甚至可能伤害学生的健康成长。

整体地实施，就是校长要围绕落实办学理念开展各项工作。办学的各项内容构成了一个有机体，这个有机体的灵魂就是办学理念。校长不管做哪一项工作，都要坚守办学理念，都要以实现办学理念为目标。

如果有"教师应运用现代教学技术进行教学"的理念，但学校的教学常规中却规定教师不得在网上备课，必须手写教案；如果有"要全面提升学生素养"的理念，但教学评价中却只以语文、数学的考试成绩来评价教师的教学，那么办学就是说一套做一套，整个学校的机能紊乱，学校就不是一个健康的机体，也就不可能办出一所健康的学校，办学也难有所成效。

整体地实施，就是校长要根据学校实际确定一项工作为抓手，以此推进学校各项工作的均衡发展。整体地实施，不是项项工作都抓在手里、平均用力，而是要根据各个学校的实际、各个校长的能力与特长确定一个工作重点，抓住一个方面，驱动学校各项工作整体发展。

如果学校办学环境很好，但常规教学还管理得不到位，那么就可以把"做好常规教学"作为办学的抓手；如果校长善于教学改革与创新，那么就可以把"改革创新教学"作为办学的抓手。

以某项工作为抓手，并不是只重视这项工作、只做这项工作而否定其他工作。如以"常规教学的构建与实施"为抓手，形式上看，好像校长办学只重视常规教学，其实不然，抓"常规教学构建与实施"，同时也促进教师改革了旧的办学理念，理解了新的办学理念、突破了旧的教学行为，形成了新的教学规范。

第四件事是全面提升自身素养。

校长要办好学，要办出高品质的学校，仅有较高的教育能力还不够，校长还要全面提升综合素养。

全面提升自身素养的内涵很丰富，校长不断提升以下三个方面的素养对于办好一所学校非常重要。

一是道德素养。校长办学不只是做教育教学工作，更多的是做人的工作、做人的表率，是要把自己修养成学校里道德最高尚的人。做好人、做高尚的人，应成为校长的追求。

教师不同于一般民众，大多数教师有较高的师德修养。对修养高的人，必须用高尚的修养去温暖、去感化、去引导。之所以社会上存在师德坠落的现象，一个重要的原因是有些没有高尚品德的人在管理着教师。如果一个管理者千方百计地利用学生入学、教辅征订、学校建设等机会窃取个人利益，那他管理下的教师自然也会利用教学生的机会窃取个人的利益。

二是学习素养。学习是一个人走向高处、远处的方式。没有学习，校长所办的学校不可能与时俱进，不可能有改革创新，不可能有特色发展。自主地学习是校长应有的重要素养。

校长要经常向书本学习、同事学习、其他学校学习，要学习教育理念、政策时事、各种文化，要修炼出一颗谦虚的心、超强的学习能力。如果校长没有谦虚求学的心、厌倦学习、缺乏学习能力，认为自己天下第一，只有自己办学办得最好，其他学校不过如此，那他所办的学校一定也不过如此，甚至他的办学很可能正在耽误一方的教育。

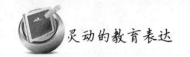

三是广阔的视野。校长不能把自己的学校办成世外桃源，不能做井底之蛙。以世外桃源的思想办当代学校，必与教育的初衷相背，办出的教育一定有害于学生的发展。

校长要有区域视野、国家视野、国际视野，要通过读书、游学等方式全面了解国际教育的发展现状、国家教育的发展方向以及其他学校的办学理念，要把自己的办学置于时代的发展中、置于区域或国际教育的发展中，力求自己所办的教育紧跟时代发展的步伐，保证自己学校培养的学生能适应社会的发展、能拥有美好的人生。

拓宽自己的视野，以宽广的视野来办学是校长的应有之责。

当下的我必须理解的一个词

核心素养，是当下的我必须理解的一个词。

世事时刻变革，有目的的改革是价值更大的变革。教育作为世间一事，也时刻变革，想要促进教育有目的的发展，想要教育事业有所成就，改革是必然、根本之路。

事物的改革与发展，生发于理念，并受理念的指导。

理念的形成与传播，必有承载理念内涵的关键词。有了简单、明了的关键词，他人才容易、准确理解改革以及指导改革的理念。

核心素养，就是这样一个词，它承载着当下教育改革与发展理念的根本内涵。

核心素养这个词并非自古就有，它的提出主要始于 20 世纪 90 年代，特别是经合组织 1997—2005 年所开展的"素养的界定与遴选"研究项目。

但没有核心素养这个词，并不是就没有核心素养之意，并不是说人类几千年的教育就不关注学生的核心素养的培养。其实，中国儒家提倡的"仁、义、礼、智、信"就是那个时代的人发展的核心素养。老奶奶说："孩子，你只要善良与顽强，就可以走好一生。"其中的"善良与顽强"就是老奶奶认可的人的核心素养。从古至今，世上的教育，特别是学校教育始终关注，甚至也只可能关注学生的核心素养的培养。

可为何到 20 世纪末 21 世纪初，核心素养这个词才成为教育界的热词？

这是 21 世纪发展的必然。进入新世纪，研究者总在思考：要适应新的世纪，新世纪的人应具备怎样的素养？这样思考，核心素养这个词就出现了。

是教育创新的需要。不用新的词，继续用旧词，还如何说教育？教育还有何趣味？

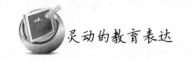

厌倦平凡与陈旧是创新的前提，这么一创新，核心素养这个词就出现了。

也是更清晰描述教育目标的需要。教育到底要培养怎样的人？也就是教育所培养的人应具备哪些素养呢？这么一研究，核心素养这个词就出现了。

提出核心素养这个词后，探究核心素养的内涵、以学生发展的核心素养指导教学、全面提高学生的核心素养就成了21世纪，特别是当前教育发展的方向。这样的方向，每一个教育管理者、研究者、教师都必牢记于心。

实践教育，或者说教育的改革与发展，必紧扣教育的发展方向。方向不对的实践，可以说是错误的实践；方向不对的教育，可以说是错误的教育。

用一个词表达观点，我们必须对这个词的内涵进行界定。

但一个概念的内涵不是静止、绝对、一成不变的；它是开放、变化、相对的，甚至可以说，它因人而起，因人而异。不同的人会界定出概念不同的内涵，在不同时代与文化里，概念会有不同的内涵。

这是一个非常危险的、我们必须看清的现实。因为概念是构成思考的基本元素，若以当下的概念去思考过去与未来，我们的思考往往偏颇。我们需十分谨慎。

中国学生有中国学生的核心素养，美国学生有美国学生的核心素养；20世纪的学生有20世纪的学生的核心素养，21世纪的学生有21世纪的学生的核心素养。界定核心素养的内涵，我们不能抱着静止、绝对、一成不变的观念。

核心素养的内涵，国际上的经合组织、教科文组织对其早有界定，欧盟对其早有界定，美国、英格兰、法国、澳大利亚、新西兰、日本也对其早有界定。

这些国际组织、国家与地区一般在20世纪末或21世纪初就深入研究了核心素养的内涵与指标体系。尤其是近五年来，21世纪核心素养研究浪潮席卷全球，很多国家或地区把培养21世纪核心素养作为国家发展的前瞻战略，纷纷提出了一批各具特色的核心素养框架或体系。

我国学生发展的核心素养研究始于2012年。

一项事业，有如一条滚滚向前的河流，总有人站在潮头引领前进的方向。谁引领潮流，谁就是先进，谁就是强者，谁就更有可能掌握核心技术、有所成就。

我国的教育必定是教育这条河流中的一部分，但站在教育改革与发展潮头的并非我们，而是有关国际组织与发达的国家或地区，我们并非先进者，只是跟随者。

站在高处，基于国际视野，或全国视野也可，甚至区域视野也可，我们才知道世上存在不同的观念、不同的实践、不同的文化，才知道自己的观点与实践不是这个世上唯一的存在，才知道教育发展的现实，才知道自己肩上的责任与应有的理念与实践。

2016 年，在综合各国和地区及国际组织对核心素养概念的界定后，我国有关专家界定了我国学生发展的核心素养：核心素养是学生在接受相应学段的教育过程中，逐步形成适应个人终身发展和社会发展需要的必备品格与关键能力。

中国学生发展的核心素养以培养"全面发展的人"为核心，分为文化基础、自主发展、社会参与 3 个方面，综合表现为人文底蕴、科学精神、学会学习、健康生活、责任担当、实践创新六大素养，具体细化为国家认同等18 个基本要点（见表 1 ）。

表 1　中国学生发展核心素养

全面发展	文化基础	人文底蕴	人文积淀	具有古今中外人文领域基本知识和成果的积累；能理解和掌握人文思想中所蕴含的认识方法和实践方法等
			人文情怀	具有以人为本的意识，尊重、维护人的尊严和价值；能关切人的生存、发展和幸福等
			审美情趣	具有艺术知识、技能与方法的积累；能理解和尊重文化艺术的多样性，具有发现、感知、欣赏、评价美的意识和基本能力；具有健康的审美价值取向；具有艺术表达和创意表现的兴趣和意识，能在生活中拓展和升华美等
		科学精神	理性思维	崇尚真知，能理解和掌握基本的科学原理和方法；尊重事实和证据，有实证意识和严谨的求知态度；逻辑清晰，能运用科学的思维方式认识事物、解决问题、指导行为等
			批判质疑	具有问题意识；能独立思考、独立判断；思维缜密，能多角度、辩证地分析问题，做出选择和决定等
			勇于探究	具有好奇心和想象力；能不畏困难，有坚持不懈的探索精神；能大胆尝试，积极寻求有效的问题解决方法等

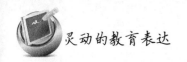

续表

全面发展	自主发展	学会学习	乐学善学	能正确认识和理解学习的价值，具有积极的学习态度和浓厚的学习兴趣；能养成良好的学习习惯，掌握适合自身的学习方法；能自主学习，具有终身学习的意识和能力等
			勤于反思	具有对自己的学习状态进行审视的意识和习惯，善于总结经验；能够根据不同情境和自身实际，选择或调整学习策略和方法等
			信息意识	能自觉、有效地获取、评估、鉴别、使用信息；具有数字化生存能力，主动适应“互联网 +”等社会信息化发展趋势；具有网络伦理道德与信息安全意识等
		健康生活	珍爱生命	理解生命意义和人生价值；具有安全意识与自我保护能力；掌握适合自身的运动方法和技能，养成健康文明的行为习惯和生活方式等
			健全人格	具有积极的心理品质，自信自爱，坚韧乐观；有自制力，能调节和管理自己的情绪，具有抗挫折能力等
			自我管理	能正确认识与评估自我；依据自身个性和潜质选择适合的发展方向；合理分配和使用时间与精力；具有达成目标的持续行动力等
	学会参与	责任担当	社会责任	自尊自律，文明礼貌，诚信友善，宽和待人；孝亲敬长，有感恩之心；热心公益和志愿服务，敬业奉献，具有团队意识和互助精神；能主动作为，履职尽责，对自我和他人负责；能明辨是非，具有规则与法治意识，积极履行公民义务，理性行使公民权利；崇尚自由平等，能维护社会公平正义；热爱并尊重自然，具有绿色生活方式和可持续发展理念及行动等
			国家认同	具有国家意识，了解国情历史，认同国民身份，能自觉捍卫国家主权、尊严和利益；具有文化自信，尊重中华民族的优秀文明成果，能传播弘扬中华优秀传统文化和社会主义先进文化；了解中国共产党的历史和光荣传统，具有热爱党、拥护党的意识和行动；理解、接受并自觉践行社会主义核心价值观，具有中国特色社会主义共同理想，有为实现中华民族伟大复兴中国梦而不懈奋斗的信念和行动
			国际理解	具有全球意识和开放的心态，了解人类文明进程和世界发展动态；能尊重世界多元文化的多样性和差异性，积极参与跨文化交流；关注人类面临的全球性挑战，理解人类命运共同体的内涵与价值等
		实践创新	劳动意识	尊重劳动，具有积极的劳动态度和良好的劳动习惯；具有动手操作能力，掌握一定的劳动技能；在主动参加的家务劳动、生产劳动、公益活动和社会实践中，具有改进和创新劳动方式、提高劳动效率的意识；具有通过诚实合法劳动创造成功生活的意识和行动等
			问题解决	善于发现和提出问题，有解决问题的兴趣和热情；能依据特定情境和具体条件，选择制订合理的解决方案；具有在复杂环境中行动的能力等
			技术应用	理解技术与人类文明的有机联系，具有学习掌握技术的兴趣和意愿；具有工程思维，能将创意和方案转化为有形物品或对已有物品进行改进与优化等

核心素养的范畴超越了行为主义层面的能力，是所有学生应具有的共同素养，是最关键、最必要的共同素养，是知识、技能和态度等的综合体。

这18个要点是中国学生发展的核心素养的基本内涵，是中国教育实践的具体指导与目标。依此目标施教，我们的教育才不愧于时代的要求，才不负于学生的求学，才可能造就好的教育，才可能实现复兴中华之梦想。

我国学生发展的核心素养有18个要点，看起来有些复杂。这是由于，核心素养体系是以科学的思维构建的。以科学思维构建的东西总是具体、细致的。科学的思维及处事方式与我们平常的思维及处事方式有些冲突。我们平常的思维及处事方式常常不讲究标准与规则。正如《中庸》说："义者，宜也。"即只要合宜、合适就行。合适，绝对正确，但它不是标准。没有标准，就无法制定规则，没有规则，实践就是随意、不科学、无法形成体系进而推广产生更大价值的实践。

另外，其他国际组织、国家或地区构建的核心素养指标体系的要点也不简单。如英国2003年发布的《21世纪核心素养——实现潜力》构建了高中生的核心素养指标体系，具体包括交流技能、数字运用技能、信息技术技能、改善学习与成绩、解决问题、与他人合作六个方面，每个方面又分为三个等级（一级水平、二级水平、三级水平等）每个级别又包括2~4个要点。

可见，具体、细致地构建我国学生发展的核心素养的指标体系，并非某些专家标新立异，而只是遵循了科学的思维方式，遵循了国际上通行的关于核心素养的构建思路与呈现方式。

紧扣时代发展与我国国情，我国学生发展的核心素养主要包括两个方面，一是品格，二是能力。品格与能力都是核心，两者并行、和谐发展，人才可健全，人才可适应社会发展。但要真正使品格与能力都成为核心素养，且德为先，能紧随之，就不只是教育所能成之事，而需要社会有强力的引导与管理。

品格与能力是21世纪学生的核心素养。但品格是什么？能力是什么？也就是应把什么样的品格与能力教育纳入教育之中？却需要清晰回答。时代发展了，当下所需要的品格不可能完全是两千多年前孔夫子所提倡的品格。倡导什么样的品格，当局者、有影响力的大家不可无为。如当下的家庭生活礼仪，肯定不可依远古而行，

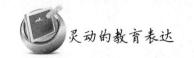

也不可随意制定，而得依当局者或有影响力的大家明确倡导。

培养什么样的人，是教育始终要面对、首先要回答的问题。提出学生发展的核心素养，是在回答教育应培养什么样的人的问题。

这个问题不是早已回答了吗？我们的教育方针早已明确指出："坚持教育为社会主义现代化建设服务、为人民服务，把立德树人作为教育的根本任务，培养德智体美全面发展的社会主义建设者和接班人"。还有多年来，我们推进的素质教育，也旗帜鲜明地说明我们的教育要促进学生素质的提升。

确实，教育方针明确了我们的教育应培养怎样的人，但教育方针放之四海而皆准，任何时代，教育都要立德树人，都要促进学生德智体美全面发展。但立什么德，树什么样的人，是随时代的发展而变化的。这说明新的时代，需要我们更具体回答教育应培养怎样的人的问题。

提出核心素养，就是对教育方针的具体化、细化，就是具体回答21世纪教育应培养怎样的人。核心素养是教育方针与教育实践之间的桥梁，是教育实践的具体化指导与目标。发展学生的核心素养，是学生升学与成就的需要，是学生成长为健全个体、适应社会发展变化、成功生活的需要。

当然，学生能否成才、能否成功生活还与其他许多因素相关。素养高的人不一定能成才，不一定能成功生活。明确21世纪学生应具有的核心素养、千方百计地发展学生的核心素养也可以说是教育工作者的理想与良苦用心。

与发展学生相关的另一个词是素质教育。在没提核心素养之前，素质教育的推行常让人质疑。因为字典上，素质是指人的神经系统和感官上的天生的特点，也指事物本来的性质、人的本性。天生特点、人之本性，教育何能教育？

其实，之所以把素质与教育联成一体，说某种形态的教育是素质教育，是为了针对应试教育，改变教育只为应试而教的倾向，是说教育要以全面提高学生素质为目标。

素质教育一词中的素质已是广义上的素质，包含素养之意，素养主要指平日的修养，强调其是后天习得和养成的。从我们所要表达的内涵而言，素质教育其实就是素养教育。

教育目标是远，是近，是宽，是窄，对应着不同的教育形态。发展学生的核心素养，针对的是学生，是"以人为本"思想的体现。以核心素养指导教学，旨在改变现在的教育形态，旨在矫正过去重知识、轻能力、忽略情感态度价值观的教育偏失。若以学习数学为目标，我们的数学教学就是学习探究数学知识、掌握数学问题的解决技巧；若以更好地生活与实践为目标，我们的数学教学就是学习必要的数学知识、提高如何用数学知识解决生活与实际问题的能力。

以学生发展的核心素养指导教学，我们的教学要着眼于当下，更要胸怀学生的未来，要着眼于某一知识的教学，更要有发展学生全面素养的视野。

发展学生的核心素养，是教育实践的根本职责与目标。具体到学校教育，教育实践主要体现为学科教学，这就是说，每门学科的教学都必须指向学生的必备品格与关键能力的培养。中国学生发展的核心素养的 18 个要点都应成为每一门学科的教学目标。

但学科有学科的特点，不同学科侧重培养的素养会有所不同。如语文学科会更注重人文情怀的培养，物理、化学等学科更注重技术应用素养的培养。

正由于学科教学对发展学生某一方面的核心素养有特殊的价值。有人就提出"学科核心素养"一词。对这种提法，我总存在疑惑。

核心素养是指学生适应个人终身发展和社会发展需要的必备品格与关键能力，并非适应于某项工作的特殊、专门素养。它针对人，而非物，是指人应具备的素养，并非某门学科存在素养，任何学科只是培养学生素养的材料。说学科核心素养，至多只是说学科所能培养的素养，学科所培养的素养可能是人发展的核心素养，也可能只是人从事某项工作所需要的特殊素养。"学科核心素养"的内涵不同于"核心素养"的内涵，以培养学科核心素养来替代核心素养的培养，偏离了核心素养培养的内涵与意义。

教育要成为"发展学生的核心素养"的教育，评价不可缺失。

但评价不可穷尽核心素养培养的每个方面。如学生的情怀就难以准确、公正评价。如果评价的内容与方式不合适，所评价的也就不是核心素养的培养。有了评价，施教者必依评价而教。依评价而教，也是教育人的本分，是教育的常态，无可厚非；

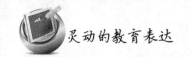

但依评价而教，并不一定会产生"发展学生的核心素养"的教育。如应试教育的出现，学生学业负担的不断加重，都是依评价而教的结果。

可见，有评价，易；如何科学评价，难。可见，研究出科学的评价内容与方式比研究出核心素养的内涵与体系更为重要。

发展学生的核心素养是教育的本质与价值所在，也是每一个教育工作者的职责。但并不是提出了学生发展的核心素养，教育就可大功造成，万事大吉。

究竟是有了人，才有教育；教育是人所拥有的教育。在探索教育发展的道途上，要做好披荆斩棘的准备。

道德之问

一个人平常都处事规范，却做出了一件无德之事；一个人读了很多书，也经历了许多磨难，最终还是被民众所唾弃，成了一个无德之人。

这样的人，这样的事，都与"道德"有关。道德到底是怎么一回事？到底谁是有道德的人？人到底要怎样才能拥有道德？

这些问题常如雾霾堵在心头。为了清除心中的雾霾，求得心之清澈与安宁，我努力思索，尝试看清道德的真相。

何谓道德？

道德是社会意识形态之一，是人们共同生活及其行为的准则和规范。它不是思索、不是语言、不是口号、不是文字、不是标语，它是人应遵守的行为准则和规范，它是一个正面意义的词，它的价值在于维持社会稳定、保护人们的共同利益、协调人际关系。

何谓有道德？

一般人都知道道德，甚至有些人还能把道德熟记于心，时常挂在口头上。但人知道道德，还不可认为是有道德。

一个学生从小学到大学年年都在学道德，所学的道德不可谓不多，几乎没有不知道要孝敬父母的，但能真正孝敬父母的学生不多；官员制定道德、宣讲道德，心中满是仁义道德，几乎没有不知道应廉洁奉公的，但很少有官员能廉洁奉公。

判断人是否有道德，不可依据所学道德的多少，不可依据所讲道德的生动与感人。

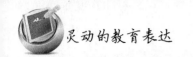
判断人是否有道德，重要的依据是人的行为。

遇到困难不退缩，才可说人勇敢坚强；不任意伤害一草一木，才可说人慈悲。只有人的行为符合道德要求，才可说人有道德。

一个人如何拥有道德？

一个人不可自然拥有道德，知、行、思，才是一个人拥有道德的不二法门。

王阳明先生认为：人的良知是一种自然在存在。确实，人的心中存在道德的直觉。如一个小孩知道关爱父母，这是孝心的直觉；一个小孩看到小猫小狗死了，感到伤心，这是慈善的直觉。

但道德的直觉只是人可以拥有道德的种子，更多的道德是后天养成的。如廉洁，如讲究公共卫生等。

要修养道德，需要知道生活在这个社会应有怎样的道德。知道德，是养成道德的前提。

要知道道德，就需要学习。这是中小学开设道德课程、各行各业对员工进行行业道德教育的理由，是育人的理由。

但知道道德，并不能说人就会有道德。

人要有道德，关键在行为，就是说只有人能按道德要求行事，才可说他拥有了道德。行，是养成道德的关键。如看人是否孝敬父母，就要看他是否经常与父母交流、有了成就是否与父母分享；看人是否廉洁自律，就要看他在单位工作是否不拿公家的一针一线。

事事按道德要求践行，久之，习惯成自然，人的行为处处符合道德，人才可说拥有道德，才可说是一个有道德之人。

由此也可看出，育人之道德，关键在于让人按道德规范反复行事，要在事上育。如教学生讲公德，就要让学生去搭公交车，看他是否在公交车上大声喧哗、随意与同伴追赶；就要让学生去看一场演出，看他是否把果皮纸袋丢在演出场所……

当前的学校在育人之德上，却存在偏差，甚至走在错误的道路上。如学校的教育更多的是让人记忆道德，只是通过书面考试比谁所记得的道德准确、比谁所记得的道德多。

思，是行事之后的反思，是一个人在行事之后，反思自己的行为是否符合道德要求，进而强化道德意识与行为，探究更符合道德的行为方式。

思之根本，在于内化道德，使人成为一个有德之人。做一件有德之事，易；成为一个有德之人，难。思，是人内化道德、成为有德之人的保障。

育有德之人，不可忘教人"一日三省吾身"。

如何让更多人拥有道德？

道德修养，是我们常说的一个词。当这个词充斥我们的认知时，就好像道德是个人自我修养而成的，好像修养道德、成为有德之人只是个人自我的事。

其实不然，人是否拥有道德，不只是个人自我的事。

人自我修养道德很重要，但人的自我修养常常靠不住，首先，很少有人能始终坚持修养道德，成为有德之人；其次，人虽有一定程度的道德修养，但一遇到强烈的私利，往往就会做出不道德的事，导致功亏一篑，成为不道德之人。

要保证更多人、人更多时候拥有道德，社会必须对人的行为要有监督与管理。

若把一个人放到一个官位上，不监督，也不管理，他不腐败，就说他有德，腐败，就说他无德，那这样的安排是对人性的考验，这样的考验，是不道德的考验。

自私，是人之秉性，做官也好，做教师也好，谁不想更多地满足自身的利益。如果没有社会的监督与管理，谁都难以成为有德之人，谁都可能成为无德的魔鬼。

道德，是人生之准则与规范。社会有了强而有力的监督与管理，人就必须在道德要求范围内行事，人的行事就必然符合道德要求，人就必然会成为了一个有道德之人。正如织起坚固的围栏，牛就只能在一定区域内吃草，就会成为一头守规矩的牛。

一个人无德，往往不是这个人的错！

人要始终有德，要让更多的人有德，社会对人的行为的监督与管理不可缺。

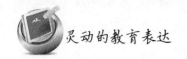
差生、后进生、学困生与潜能生

学校办学一定有目标。具体地说，各学段的教育有各个学段的目标，各年级的教育有各年级的目标，一堂课的教育有一堂的目标。

教育目标常由教育专家，或上课教师确定，对于不同学生来说，教育目标具有统一性。由于不同学生的个性与认知能力不同，他们对应统一的教育目标，就会有不同的学习表现，学习效果也就参差不齐，有些学生顺利地达成了教育目标，有些学生却没有达成教育目标。

针对没达成教育目标的学生，学校与社会会对其做出一定的判断。如说这类学生是差生，或是后进生，或是学困生，或是潜能生。

这样判断的含义

说没有达成教育目标的学生是差生，是对这类学生做定性判断，是说这类学生是差的，不是好的，是给这类学生贴标签、戴帽子。

戴帽子的事常有，只是给人戴一顶漂亮帽子，他人舒服，帽子戴得再多，他人也不感觉不妥、不感觉负累；而戴一顶小丑的帽子，他人就会受不了，就会反抗说我怎么是这样的人；怎么可以随便给我戴这样的帽子？

许多人反感给学生戴"差生"的帽子。说学生是多面的，一个面差，并不能说其他面都差；说学生是发展的，学生这时差，过一段时间却不一定差；说人性本善，本性之善，就是学生的优点，学生有优点，就不能说学生是差生；说随便给学生定性，会伤害学生，会影响学生的发展与前程。基于此，现在一般不把那些难以达成教育目标的学生称为差生，而常说这类学生是后进生。

说没有达成教育目标的学生是后进生，是对这类学生做动态判断。如长跑比赛上，大家一起出发，慢慢地有些人跑在前面，有些人跑在后面，那些继续在跑却跑在后面的人就是后进生。

说某学生是后进生，并不是说这个学生是差生还是好生，而只是对他的学习现状做一个判断，只是说他处于队伍的后头，是给他一种暗示，告诉他现在处于后进，只要努力，将来可以成为先进。把没能达成教育目标的学生称为后进生，是从发展的角度看待学生。

对于没达成教育目标的学生，我们还常把他们称为学困生。说没有达成教育目标的学生为学困生，是对这类学生做归因判断。也就是说，这类学生不能达到教育目标是由于学习有困难。

说没有达到教育目标的学生是学困生，是对学生与教师的鼓励；是说学生没达成教育目标，并非天生无能，而只是学习上遇到了一些困难；只要学生与教师明确了学生学习上的困难，教师教法得当，学生克服了学习上的困难，学生就能够达成教育目标。

除了把没达成教育目标的学生称为差生、后进生、学困生外，现在的教育专家还倡导把这类学生称为潜能生。

说没达到教育目标的学生为潜能生，是对学生做肯定判断。也就是说，这类学生是有潜能的，现在没有达到教育目标，只是能力还处于潜伏状态，没有发挥出来而已。

潜能是人类本具有却没有被开发的能力。每个人的潜能是无限的，只有循序渐进才能不断挖掘。

说每个人都有潜能，并不是说每个人都有课堂学习的潜能，特别是如果窄化教育目标，只把通过课堂学习获取文化知识作为教育目标，认为学生没达到教育目标肯定是学生的课堂学习潜能还没发挥出来，这样的说法往往是盲目的鼓励、善意的谎言。因为有些学生确实缺乏课堂学习能力。

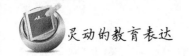
转变这些学生的策略

把没达到教育目标的学生特别地称为差生，或后进生，或学困生，或潜能生，说明社会、学校、教师关注这类学生，重视这类学生的教育，想要转变这类学生，使之达到教育目标。

转变这类学生，是可能的，但必须有具体的策略。以下这些策略，我认为是最基本的策略。

策略一：努力修炼自我。某位学生在这位老师面前很叛逆，却很服从那位老师的管教；有些老师所带的班级总是混乱不堪，学生学无所成，而有些老师所带的班级却阳光向上、成绩优异。仔细分析，这些都与教师有关。一个好教师，无须多言，学生就听他的教导，就自觉地改变自己的行为、提高自己的品德。转变学生，关键在于教师，在于教师有高尚的品德与高深的专业素养。从细节来说，教师高尚的师德与高深的专业素养应有这样的表现：不以名利为从事教学工作的目的，而把以学生为本、学生健康成长作为教学目标；不为了在某些学科考试中获得好的成绩，剥夺学生学习其他课程的权利；生活中，阳光向上，教学中，激情满怀，教法灵活新颖，指导别具一格、一针见血，学生学习轻松愉快，总期待老师再次走进课堂；不让学生在危房里学习，不把学生置于危险之中；不诅咒、体罚没有达到学习目标的学生；不为了获得商业利益，而向学生推销包括教辅在内的各种商品等。

转变学生，教师不要向外求转变学生的方法，而要向内修炼自我，提高自我。转变学生，不是转变学生，而是转变教师自我。

策略二：准确了解学生难以达到教育目标的原因。学生难以达到教育目标，总有各种各样的原因。要准确找到学生难以达到教育目标的原因不容易。现在的医生非常专业了，有些病的病因还找不到。

但难度再大，教师也不能不分析学生难以达成教育目标的原因，就一刀切地采用某种方法去转变学生。如某班学生的学习成绩差，就组织全班学生加班加点补课。其实，某班学生的学习成绩差，有可能是这个班的班主任组织能力不强，也可能是这个班的任课教师业务水平低，教学不准确。教师也不能随意地把学生难以达成教育目标的责任推给他人。如某些学生不及时完成课外作业或学习行为习惯不好，就统统归结为这些学生都是留守儿童，归结为家长不负责任。在很大程度上，学生不及时完成课外作业或没有良好的学习行为习惯是由于教师的教育与管理不到位而造成的。

要准确了解学生难以达到教育目标的原因，教师一定要平等地与学生相处，尽可能消除师生之间的距离，与学生结成好友；要通过如电话、网络、家访等手段了解学生的家庭与个性；要客观、理性地观察、分析学生的课堂学习与作业，了解学生的认知水平与各种学习能力；要教给学生写日记、课后反思等认知自我的方法。

策略三：帮助学生克服困难。学生没能达成教育目标，肯定有他的难处。要帮助学生克服困难，这主要表现在以下几个方面。

首先，教师要给予没有达到教育目标的学生更多的关爱。什么是关爱学生？关爱学生就是平等地对待学生，就是不要把学习优异的学生排在好的位置上，而把没有达到教育目标的学生排在角落里；就是自然地对待学生，学习好的孩子是孩子，学习没有达到教育目标的孩子也是孩子，不对学生分类，不把没有达到教育目标的孩子看成是班集体的祸害；就是真心地对待学生，不要对学习优异的学生就发自内心的微笑，而对没有达到教育目标的孩子装笑都难，不要对学习优异的学生有求必应，而对没有达到教育目标的孩子就不想付出。关爱学有难处的孩子，就好像给小草以阳光。有了老师的关爱，学生一定能获得成长的能量。

其次，教师要严格管理没达到教育目标的学生。如学生不及时完成课外作业，或没有规范的学习行为，教师就必须对他们进行严格管理。管理学生不能只提要求，还要有具体的指导与策略。如管理学生的课外学习，就可以通过建立合作学习小组，让学生在相互督促下学习；可以与家长协商，教师组织学生（对于小学生来说这是可行的）在学校学习；可以制定激励的制度，鼓励学生自觉学习。又如管理学生的学习行为，就可以按计划、有步骤地对学生进行培训。如利用这一个月强化训练做好课前准备的习惯，利用另一个月强化训练做课堂笔记的习惯。好学生、学生的好成绩，常常是管理出来的。

最后，教师要教给没达到教育目标的学生克服困难的方法。学生难以及时达到

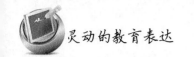

教育目标，一般是自己没有掌握好的学习方法。聪慧的学生大都在平常的生活、学习中，就可以掌握好的学习方法。但对于一般学生，学习方法需要教师的指导。如开展预习，教师就要指导学生在什么时候预习，在什么地方预习，预习时是粗略地看一遍教材，还是要用笔勾画出重点与不懂的地方，还是要尝试去解答课后的习题。只有学生根据自己的实际稳定了预习的相关要素，才可以说是掌握了预习方法。又如开展合作学习，教师就要指导学生合作之先要深入自主学习（不要养成等待他人公布学习成果的习惯），合作学习时要听从组织者的指挥，要大胆阐述自己的学习所得，要提出自己学习中还存在的疑惑，要积极参与讨论，合作学习后还要整理好学习成果等。

当然，并非每种困难都有对应的解决方法。正如医生知道某个病的病因，却不一定有治疗这病的方法。也并非找到了解决困难的方法，困难就必定会解决。有些学生才智生长落后或生活窘迫，学生明知道自己在哪些方面存在困难，也知道解决问题的方法（增长智慧或改善生活条件），但自己有心无力，难以克服困难，难以达成教育目标。

策略四：为学生创造成功的机会。帮助还没有达成教育目标的学生达成目标，教师是关键，而教师的关键又在于给这类学生创造成功的机会。

为没有达到教育目标的学生创造成功的机会，教师总有好多不同的方法。如在义务劳动、文体等学习活动中，尽可能地发现学生的闪光点；在作业本上给学生写上温馨的评语（甚至言过其实也不要紧）；课堂上把温情、亲切的眼光投向还没达到教育目标的学生，把容易解答的问题留给还没有达到教育目标的学生；把考试题设计得更容易，让没有达到教育目标的学生取得一个好的成绩。

成功是学生成长的阳光。给学生创造成功的机会，就是给予这类学生信心与动力，就是给学生一种强而有效的转变力量。

认可学生的客观差异

发现了没达成教育目标的原因，找到了解决问题的方法，也给予了学生关爱与成功的机会，但某些没达到教育目标的学生，也不一定能及时达到教育目标。

　　学生千差万别，没有达到教育目标，有可能是学生的心智发展与教育目标不相吻合，如有些学生小学时并不出色，到中学就开窍了，学习就非常优异；有可能是学生的心智存在缺陷，学生、家长、教师再怎么努力，学生也不能达到教育目标；有可能是家庭教育存在问题，如有些家长从小娇惯孩子，只要求孩子健壮长大，只要求孩子胆大不受欺侮，品格正不正，学习是否努力都无关紧要。老师想要改变一个家长的观念很难，家长不改变教育观念，这些家长的孩子就很难达成教育目标。

　　学生的客观差异，是教育的现实。教师要认清学生的差异，要正视教育的现实，教育学生一定要从实际出发，不可自以为是、简单粗暴地去转变学生。正如跑步，有人腿长，有人腿短，有人肌肉发达，有人肌肉瘦削，有人训练有素，硬要一个腿短的人努力再努力成为一个长跑运动员，很可能事与愿违，甚至伤害这个人。

　　不顾学生实际，而只鼓励、要求没达成教育目标的学生达到教育目标，往往是盲目的。这样的教育不仅会苦恼自己，还会伤害学生。当然，教师也不能以有些学生难以转变，就不去努力帮助没有达成教育目标的学生达到教育目标。

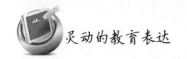

谈不敢谈、不愿谈的家庭教育

尽管我是教师，女儿也成长得顺利、健康，自己还管理过多年的全市家庭教育研究课题，但对家庭教育的经验或方法，我不敢、不愿谈。

常有好友善意地要求：你的孩子培养得那么好，给我们介绍得点经验吧！我也只敢敷衍地回答：确实没什么经验，我除了陪着孩子一起成长外，好像没做过什么值得一提的事。

一直不敢、不愿谈论家庭教育，现在，却准备用文字这么正式地谈及家庭教育这个话题，不是自相矛盾，而是事出有因。

俊涛先生是"读书乐"QQ群的发起人、群主，群里的会员很多，每周六"读书乐"还安排事业有成、教子有方的朋友在群里主讲读书心得或家庭教育的体会与方法。俊涛先生多次邀请我去群里主讲家庭教育的体会与方法，我一直不敢答应，但俊涛先生传播读书之价值的努力与对我的诚意，确实让我感动，为了表达我不作为的歉意与对俊涛先生的感激，我只好硬着眉头、斗胆地用文字说说自己对家庭教育的理解，也以此作为对俊涛先生之邀的回应。

本文所说到的家庭教育，简略地说是家教，具体而言，是父母对子女的教育。

不管是谈论家庭教育还是学校教育，都要回答三个问题：指导教育的思想是什么？教育的内容是什么？教育的方法是什么？

学校教育是国家的事，有专门的教育机构——学校，有专门从事教育的人——教师，有专门的教学材料——教材，这好办，一本体现国家意志的课程标准就基本上回答了以上三个问题。

家庭教育却不一样，它是千千万万个各不相同的家庭的事，也可以说，是千千万万个各不相同的家长的事。既没有专门的家庭教育课程，又没有专门从事家庭教育的教师。尽管家庭里的父母肩负家庭教育的使命，可父母还有建设家庭的重任，再怎么说家庭教育也只是父母的兼职。

在这样的现实面前，谁能听清楚千千万万个各不相同的、兼职家庭教育的家长对这三个问题明确的回答，也许再专心地听，也不知所云，只能听到嘈杂声一片。

由于本人对家庭教育缺少深入的研究，自己所说的，肯定难有新意，难以深刻。但为了说得明确些，以便耐心读完此文的朋友能够理解我说的是什么，我就只规矩地尝试回答上文所提到的三个问题：指导家庭教育的思想是什么？家庭教育的内容是什么？家庭教育的方法有哪些？

指导家庭教育的思想是什么？这是一个没有答案的问题，甲有甲的家庭教育思想，乙有乙的家庭教育思想，千万个家长几乎有千万个不同的家庭教育思想。家庭教育的复杂性、难统一性，就是由此而来的。

有人认为要安安静静地让子女成长，如让子女"两耳不闻窗外事，一心只读圣贤书"，专心致志地学习；有人认为要让子女热热闹闹地成长，如子女一小有成绩就让他们到人前人后表演展示；有人以"仁、义、礼、智、信"作为教育子女的指南，有人却以"灵活多变，策略地做人"作为教育子女的指南；有人希望自己的子女成为"温、良、恭、谦、让"的人，有人却希望子女"强势、竞争、独尊"；有人要求子女"为中华之崛起而读书"，有人却告诉子女"读书就是为了人民币"；有人教子女勤勤恳恳地生活与工作，有人却教育子女"不管白猫黑猫，只要抓得住老鼠就是好猫"……

一个家长就有一种家庭教育的思想。但无论哪一种思想都是家长生活的总结与提升，无论在哪一种思想的指导、教育下，子女都有可能建功立业，也可能一世无成。

教育子女的指导思想，没有对与错之分。家长把子女教育成了"温良、谦让"的人，就正确吗？难说，因为这样的人，常常是软弱的，甚至是窝囊的。有人告诉子女"读书就是为了人民币"，就错误吗？不一定，也许正由于为了人民币而读书，他真的

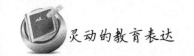

就成了一个能够挣大钱的人。有了钱，才能够办大事啊！

家庭教育，是仁者见仁，智者见智的事。任何一个人，甚至任何一个所谓的教育专家都不能说只有某种家庭教育指导思想是正确的是真理。也正由于此，家庭教育是复杂的，是生动的。也正由于此，这个世上有"为中华之崛起而读书的人"，也有"为了人民币而读书的人"；有"温、良、恭、谦、让"的人，也有"争权争利，唯我独尊"的人。这也是人类总是形形色色、生动、时时充满着故事的根本原因之一。

家庭教育的指导思想难以统一，但家庭教育的内容还是可以明确的。从辞典上看，家庭教育是指家长对子女进行的关于道德、礼节的教育。其实，现实中，家庭教育的外延要宽泛很多，概括起来，可以分为这么三项：身体锻炼、品格塑造、文化知识学习，也就是常说的体、德、智三个方面。这里，我为什么不像国家一样说德、智、体，因为我认为，指导孩子锻炼好身体、养成健康生活的能力与习惯，才是最重要的。

三项内容，也是学校教育的内容，但家庭教育、学校教育对这三项内容的侧重不同，所能达成的效果也不同。文化知识的学习主要是学校教育的事，学校教育也能很好地帮助孩子达成文化知识的学习，而身体锻炼、品格塑造主要是家庭教育的事，只有家长才能真正帮助孩子健康地生活，才能真正塑造好孩子的人格。

如果我的观点正确，那就先说指导孩子锻炼身体。指导孩子锻炼身体，就是家长要指导孩子养成锻炼身体、健康生活的能力与习惯。指导好孩子锻炼身体，家长要做好三件事：一是树立身体健康第一位的思想，只有孩子身体健康，才可以谈良好品德的养成、文化知识的增长，不要把孩子的身体锻炼归结为学校体育课上的事。二是家长要以身作则，健康地生活。不要自己整日抽着烟，而要孩子不吃垃圾食品；不要自己整天坐在牌桌上，而要孩子有规律地参加体育活动。三是家长要陪伴、指导孩子锻炼身体。家长要有自己的体育活动爱好，要掌握几种体育活动的技能，指导孩子锻炼，陪伴孩子一起锻炼。不要自己睡懒觉，而要孩子清早起床去跑步，不要自己除了走路外，什么都不会，而要孩子既要会跳舞，又要会玩球（也许自己不曾学过各种运动，但为了孩子，作为家长必须重新学习）。

再来看孩子的品格塑造。重申一遍，人格塑造，我认为，主要是家长的事。孩子的品格，在很大程度上，是家庭教育的结果。追问一个问题学生的问题，其根源，总会追寻到家长的身上。一般情况下，有怎样的家长，就有怎样的孩子，有怎样的家庭教育，孩子就会形成怎样的品格。

但孩子品格的形成，又取决于家庭教育的指导思想。而家庭教育的指导思想是形形色色的，所以，孩子的品格自然也是形形色色的。社会上不可能尽是谦让的人，也不会尽是自私的人；不可能尽是诚信的人，也不会尽是些言而无信的人。形形色色的人、形形色色的品格组成的社会，才是现实的社会。出现形形色色的品格，并不是一种坏现象。

正由于指导家庭教育的思想形形色色，尽管有许多人在谈论家庭教育、在研究家庭教育、在宣讲好的家庭教育，可从不见也不可能见每一个家庭的教育都会成为好的，每一个孩子都可以沐浴在好的家庭教育之下。

尽管我说指导孩子锻炼身体、塑造孩子的品格是家长的事，是家庭教育的主要内容，可这只是我的观点。现实中，这两项并没引起家长的重视，并没成为家长的事，并没成为家庭教育的主要内容。家长重视的是孩子的文化知识学习，把指导孩子学好文化知识作为了家庭教育的主要内容。如家长热衷于送孩子进各种培训班，热衷于指导孩子学习文化知识。

我认为，家长的这种做法首先是一种错位。因为，家长本应把教育孩子的精力放在指导孩子锻炼身体与塑造孩子的品格上，却错位地把指导放在孩子学习文化知识上。其次是一种不当。这种不当，表现在两个方面：一是家长送子女去培训班学习知识与技能，如学习作文、美术、舞蹈、音乐等，常以自己的喜好或社会风尚为依据。孩子所学习的，是否孩子的喜爱，是否符合孩子的成长规律，是否增加了孩子的负担，常被忽视。二是家长指导孩子学习文化知识的能力有限，孩子的文化知识学习，是以学科形式体现的，主要是在老师的指导下完成，老师是专业技术人员，说明指导孩子学习学科知识是一项专业技术活，并非随便一个人就可以做好的。事实上，各门学科都有自己独特的体系、学习要求与方式，家长对于这些并不很明了。

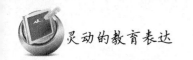
对于自己都不明了的事，而以老师的样子去指导孩子学习，往往会文不对题，弄巧成拙。

家庭教育本应重视子女的身体锻炼、品格塑造，可家长偏偏关注的是自己并不在行的文化知识学习的指导。家庭教育的内容都没把握准确，怎么可能有好的家庭教育？

有了家庭教育的指导思想，知道家庭教育该教什么，家长还必须知道怎么教？

自然，家庭教育不可能像学校教育一样，按一定的课时教，在一定的场地教，对照一定的教材教，以比较稳定的方法教。家庭教育是一种随时随地的教、一种自始至终的教、一种润物无声的教。

落实家庭教育的思想，实施家庭教育，要紧紧抓住以下几个关键词：

一是以身作则。想要孩子成为怎样的人，你就应该成为怎样的人。想要孩子成为尊重他人的人，父母就要是一个尊重他人的人；想要孩子成为一个热爱读书的人，父母就要成为一个热爱读书的人；想要孩子有规律地生活与学习，父母就不要一喝酒就忘了回家，一玩牌就忘了白天与黑夜。

二是守望。守望，就是家长要陪伴着孩子，寄予孩子希望。孩子是父母生命的延续，是父母生命的幸福、价值所在。不管怎样，孩子在成长时期，父母都不要远离孩子，即使苦点、穷点，都要守护着孩子。陪在孩子身旁，孩子成长过程中的偏差才可能及时纠正。父母不要以"为了孩子将来的幸福"为名义而长期外出打工挣钱。如果离孩子远去，挣钱的结果会事与愿违。

三是成长。做父母是一件自然的事，教育好子女却是一件有技术的事，也是一件难事。父母需要不断学习，提升思想道德水平，增长文化知识，掌握育人技巧。实施家庭教育的过程，其实就是父母成长的过程。如果在孩子成长的过程中，父母没有成长，家庭教育很可能是失败的。

为人父母是自然而然的，对子女进行教育却往往是稀里糊涂的。正是由于有这样的糊糊涂涂存在，谈论、研究家庭教育才有必要，大家谈论、研究得才有信心。

但兴致不要太高，家长的糊涂，不可能由于有了大家的谈论与研究而消除，同时，在糊涂的教育之下，或者在似有似没有教育的家庭里，有些孩子仍然成长得很健康。这又说明，谈论、研究家庭教育似乎可以有，也可以无。

在这样的现实面前，谈论、研究家庭教育的信心很受打击。这是我不愿谈家庭教育的原因所在。

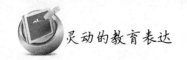

中小学生校外培训

除了学校、家庭生活外，学生还有自己的业余生活。业余生活怎么过，孩子可以自己开拓，但更多的是需要那些早已世俗了的成人给孩子搭建生活的平台。因此，诸如中小学生校外培训等就应运而生。

中小学生校外培训，俨然已成为一个市场。

有了中小学生校外培训市场，孩子的业余生活就有了更多的选择。孩子有了空余时间，不好玩，可以去上培训班；孩子有画画、跳舞或弹琴的爱好，可以去上培训班；为了更好地学习学科文化知识，孩子可以去上培训班；家长忙、家长累，孩子没人管，孩子也可以去上培训班。

这是中小学生校外培训的价值。可市场总归是市场，市场既提供了丰富多彩的产品，市场也唯利是图。

唯利是图的市场充满了利益、引诱、陷阱、腐蚀与伤害。感受到利益、引诱、陷阱、腐蚀与伤害，许多人开始不平、牢骚、呐喊、指责，甚至异想天开地想把中小学生校外培训市场扼杀。

不管是家长，还是社会各界人士，根本的希望还是中小学生校外培训市场要更规范、合理。

规范中小学生校外培训，需要管理。可谁来管理？要怎样管理，才能更规范、合理？

规范管理这个市场，不是一件简单的事，它远比管理中小学校复杂。并且由于它又是新兴的市场，管理无经验可循，各类行政部门，特别是教育行政部门更是缺少管理市场的经验。规范管理中小学生校外培训市场，不能笼统地制定几项政策、采取几条措施，而应在全面调研、深入细致的分析之上，创新管理方法。

中小学生是构成这个市场的重要因素。管理这些参与培训市场的中小学生，重点不是研究如何管理学生在培训期间的学习，而是说要通过管理，消除学生跟风式的培训、消除违背学生意志的培训、消除加重学生负担的培训，让学生的培训更有序、更有意义。

促进中小学生有序、有意义地参与校外培训，必须加强以下三个方面的管理：

一是改进中小学教学。教师要改革教法，让学生在学校更有效地学会学科知识；学校要改革课程设置，让学生能够在学校全面发展各项爱好与能力；学校要倡导教师对学有困难的学生进行课外辅导，力争学有困难的学生通过学校教育就能取得好成绩。如果这样，学生的学习成绩优异，各项爱好特长在学校学习中能够得到充分发展，学有困难，也能得到老师的及时培辅，那更多的学生就没必要参与校外培训。这样的观点，并不是排斥校外培训，而是说通过学校的教学改革，学生参与校外培训的必要性降低，学生就会赢得更多自主的生活、成长的时空，减轻学生学业负担，保障学生快乐健康成长。

二是教师要真实、科学、综合地评价学生，为学生、家长选择适当的校外培训提供依据。中小学生参加校外培训，很多时候是家长安排的，家长是了解自己孩子的，但由于情感因素的干扰，家长对孩子的了解往往又是带有偏见的，家长安排孩子参加校外培训常带有随意性与盲目性。正由于此，教师对学生的评价不能只停留在学生的学业成绩上，而要对学生的个性、特长、爱好、最适合发展的方向做出真实、科学、综合的评价。这样做的意义在于学生有意愿或家长要求学生参加课外培训时，可以把老师的综合评价作为依据，选择、参加适合的校外培训，避免跟风式地、盲目地参与培训，避免家长强迫学生参与培训，也有利于培训机构能及时发现人才，有针对性对相关学生进行培养。

三是培训机构与中小学校要相互融合，保证学生在学校的学习与培训机构的学习是相通的、融合的、相互促进的。这是当前最需要突破的问题，在许多人的脑海里，

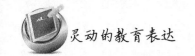

只有中小学教育才是教育，校外培训不是教育；管理中小学教育是理所当然的事，校外培训的管理不关自己的事。中小学教育与校外培训之间隔着一堵墙，相互不往来。这样一来，学生在学校所学的知识与在校外培训机构所学的知识可能表述不一致、衔接不起来，所学的方法、所养成的学习习惯可能各不相同、相互冲突。所以，融合中小学校与培训机构是让学生的培训有意义的关键所在。中小学校与培训机构要相互融合，首先，政府要把这两种教育看成一个整体，校外培训是学校教育的一个补充，两种教育没有高低之别、贵贱之分；其次，校外培训机构与中小学校所使用的教材要通过统一的机构审定，所有的教材要成为一个体系；最后，中小学校与培训机构要建立交流平台，在这个平台上中小学校与培训机构要就管理、教学、学生学习进行交流，保障学生在两处的学习信息是互通的，保证学生在两处的学习是相互促进的。

教师是中小学校外培训市场的另一重要因素。从教师的归属看，培训机构的教师可以分为两类：一类是中小学教师，另一类是培训机构所属的教师。

中小学教师参与培训又分为两种情况，一种是到培训机构任职，一种是自己在家里或租个小地方带一个或几个学生进行培训。管理中小教师的主体是教育主管部门。规范管理中小学教师参与培训，首先是个"能不能"的问题。《事业单位工作人员处分暂行规定》第十八条第六款规定"违反国家规定，从事、参与营利性活动或者兼任职务领取报酬的，给予警告或者记过处分；情节较重的，给予降低岗位等级或者撤职处分；情节严重的，给予开除处分。"相关省市为了规范管理校外培训也做出了相应的规定，如湖南省就制定了《湖南省规范民办非学历教育培训机构办学行为专项治理工作实施方案》，其中就指出："公办学校及其教师为民办培训机构组织生源并收受回扣、公办学校教师违规到民办培训机构兼职授课、公办学校教师在民办培训机构参股入股的，将严格按照《事业单位工作人员处分暂行规定》追究责任。"从这些法规、制度看，中小学教师是不能去培训机构任职的。所以，管理中小学教师去培训机构任职是简单的，只要教育主管部门让教师了解法规与制度，然后成立督查机构，对违规教师进行教育、处罚、制止就行。不过对于在自己家里或租个地方带一个或几个学生进行培训的教师，管理起来就要复杂得多。从《事业单位工作人员处分暂行规定》看，只要教师参与了营利性的活动就是违规的，但教师带几个学生在家里或其他地方培训，许多事实无法查实，如是不是收费，是不是教师主动要求学生培训，甚至教师有没有组织学生培训等。也许正由于难查处，在一些地方的管理法规制度中就回避了这类情况，如《湖南省规范民办非学历教育培训机构办学行为专项治理工作实施方案》就回避了这一类情况，只明确在培训机构任职的教师将受到处罚。这样一来，就失去了对在自己家里或租个地方带一个或几个学生进行培训的教师进行管理的政策依据，所以，目前很少见到管理这类教师的具体实践。在这样的现实面前，如果想力求对在自己家里或租个地方带一个或几个学生进行培训的教师进行管理，那只可能做以下两个方面的工作：一是加强教育，教师不能为了私利而强迫学生培训；二是严肃查处、公开处罚为了私利而违背师德的行为。如强迫学生参与培训；歧视不参加培训的学生；课堂上不突破重点难点，培训时再解决重点难点等。

培训机构所属的教师也可分为两类：一类是培训机构聘任的专任教师，另一类是培训机构从社会（非中小学）聘请的临时教师。培训机构是这两类教师的管理主体。管理培训机构所属的教师，一是要管好"准入"。不管是专任教师，还是从社会聘请的教师，都必须有教师资格证。这一点，对于专任教师，培训机构还是重视的，但对于从社会临时聘请的教师，却往往忽视了这一要求。认为只要有特长，如在歌唱、绘画、舞蹈等方面有一定的成就，就可以把这样的人员聘为教师，这其实是一个误区，对于中小学生来说，一个教师不仅需要专业素养，更重要的还需要心理学、教育学等方面的知识。严格地说，没有教师资格证的人，是不能走上教学岗位的。二是要管好"培训"。培训机构不能只是用教师，而要不断培训教师，促进教师成长。当前社会正规的教师培训并没通向培训机构，造成培训机构的教师培训的途径不多，这是迫切需要改革的。三是要管理好"稳定"。培训机构存在最大的师资问题，就是师资不稳定。稳定的教师队伍，才能保障良好的教学效果。要稳定好培训机构的师资队伍，政府与培训机构必须共同做好以下四个方面的工作：第一方面政府要把教师纳入社会保障体系，培训机构的教师与中小学教师要一样能够评先评优、评聘职称职务；第二方面是政府要打通师资流通的体制，平等对待中小学教师与培训机

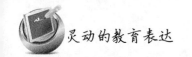
构的教师，想法让公办教师与培训机构内的教师相互流通起来，让培训机构的教师也拥有像中小学教师一样的身份；第三方面是培训机构要提高教学质量，形成规模，保障教师的工资福利；第四方面是培训机构要营造温馨、团结、向上的团队，给教师一个稳定而幸福的精神之家。

培训机构更是中小学生校外培训管理的重要对象。培训机构有两种类型，即经行政审批的培训机构与没经行政审批的培训机构，对于不同类型的培训机构应有不同的管理办法。

管理行政审批了培训机构，要坚持"谁审批，谁管理"的原则，明确管理的主体，主管部门应从以下几个方面进行管理：

一是合理布局。尽管培训机构的发展与淘汰主要由市场的调节而定，但培训机构合理的布局，有利于区域内的培训机构合理竞争、有序发展。所以，管理部门对区域内的培训机构的设立要有规划，按规划审批。

二是规范培训机构的办学行为。如要求培训机构严格按照一证、一校、一牌、一址规范办学，不得在办学许可证核定的办学地点之外办学，不得擅自设立分支机构；培训机构开展办学活动所使用的名称须同审批机关核准的名称相一致；培训机构应按照审批机关核准的章程，确保教育教学的质量；培训机构须建立并完善学籍和教学管理制度，依法开展办学活动，不得侵犯受教育者的合法权益，不得擅自增设办学层次、类别、范围；培训机构不得恶意终止办学、抽逃资金或者挪用办学经费；培训机构不能发布如"包学会、包过级、包考多少分"等虚假招生简章或者广告，以此为诱饵吸引生源，骗取钱财；培训机构不能出现巧立名目收费、只收费不开票等违规收费问题等。政府要把培训机构纳入教育督导体系中，教育督导部门要定期对培训机构的办学行为进行督查，对培训机构违法违规的办学行为要严肃查处，并责令其限期整改。

三是科学评价。中小学生校外培训已成为一大市场，培训机构是通过市场的优胜劣汰法则决定其发展与存亡的。但什么是优，什么是劣，不能没有标准，不能由培训机构说了算，而需要一个公正、科学的评价，评价的责任就在于主管理培训机构的部门。所以，每一年度，培训机构的管理部门应从培训机构的办学条件、规模、师资力量、办学业绩、办学特色等方面做出科学的、综合的评价，并把评价的方法、内容、结果公布于社会，为培训机构的发展提供动力与方向，督促培训机构提高教育质量，保障学生的利益，也为家长、学生选择适合自己的培训提供可信的依据。

未经行政审批的培训机构是非法的，但不能说未经审批，就不必管理，相反，而要加大力度进行管理。因为没经审批的培训机构教育质量难保证，有可能损害学生的利益，有可能扰乱培训市场，有可能给社会带着不安定的因素。审批了的培训机构在政府的相关法规制度中明确了由审批部门管理，但没审批的由谁来管理？这需要政府相关部门充分地协调与配合，如由教育、人社、工商、民政等部门成立管理办公室，专门管理没经行政审批的培训机构。主要做好以下工作：一是要帮扶引导。管理机关要通过各种媒体宣传《教育法》《民办教育促进法》《民办非企业单位登记管理暂行条例》，让这些培训机构的负责人理解国家的政策、法规。对符合办学标准及要求的培训机构，允许其按审批权限及法定程序补办相关手续，并在履行完民办教育机构设立相关审批程序后，颁发办学许可证。二是要严查取缔。管理办公室要主动出击，深入到社区、街道、乡镇进行排查，不要等他人来举报，等出现了安全问题或造成了不良的社会影响才去了解督查处理，对于不具备办学基本条件或存在明显安全隐患的培训机构，一定要严肃查处，立即取缔。

在没经行政审批的培训机构中还有一类，它由个别中小学教师或其他人员在自己家里或租房组织的辅导培训，这类培训有些是由其他社会人员组织的，但更主要的是由中小学教师组织。这类培训有其特殊性，首先隐秘性强，它不像正规的培训机构"显山露水"，但它又无处不在；其次某个培训点的规模小，但从总个社会而言，它的规模又很大；最后参与某个培训点的学生不多，但教师的收益不少。这类培训不正规，培训的质量难保证、收费没章法，参与培训的个别教师月收入上万，远远超过其工资收入。这样的现实降低了教师正常教学的激情与精力，给整个中小学教师队伍造成了许多不良影响。这类培训确实需要管理，但如何管理，又难以找到有效方法。我认为，如果要有效管理这类培训机构，首先政府要对国家的相关政策做出明确的解读，如《事业单位工作人员处分暂行规定》第十八条第六款规定"违反国家规定，从事、参与营利性活动或者兼任职务领取报酬的，给予警告或者记过处分；

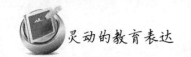
情节较重的，给予降低岗位等级或者撤职处分；情节严重的，给予开除处分。"那么，教师是不是只要从事、参与营利性活动就违反国家规定？如果教师私自组织学生培训违反了国家规定，那么教育主管部门对教师私自组织培训的行为就是取缔、查处；如果不违反国家规定，那么教育主管部门就只能从以下两个方面对教师进行管理：一是要求教师高质量地组织好培训；二是尽力培育这些个体的培训，让这些还处在成长阶段的培训机构不断成长、壮大，让培训这个大市场通过优胜劣汰来决定这些还微小的培训机构的存亡。

越分析就会感觉中小学生校外培训市场就越膨大、越杂乱，管理就越难。

很少管理或者管理难有成效，所以中小学生校外培训市场，正如野草一样杂乱，并且可能一直会如野草一样杂乱。

遥望远方，想想脚下，中小学生校外培训难以规范。

怎么办？也许只能这样。

如果你愿意，就走进这个市场，走进这个市场，就别埋怨草丛的杂乱，别害怕草丛里的荆棘与毒蛇；如果你不愿意，就别理这个市场，不理它，就不见有市场，也就不见有市场里的利益、引诱、陷阱、腐蚀与伤害。

做人，别像孩子，别人有了玩具小汽车，我也要一个。没有小汽车，我们可以玩别的。不上培训班，孩子可以自主地安排业余生活与学习。这种自主安排业余生活与学习的能力是一生的需要，远比参加培训班学会一项技能重要。

教学之道

　　尽管我们都拥有"教师"这个称呼，都做着看似一样的工作，可我们走在不同的教学之道上，我们的教学之道形态各异。

　　抹掉自我，只让孩子进入我们的视野，那孩子的成长，就是我们的成长；孩子的前途，就是我们的前途；孩子的幸福，就是我们的幸福。为了孩子，我们都应该走在智慧的教学之道上。

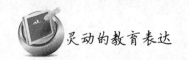

教学之道

尽管我们都拥有"教师"这个称呼，都做着教学工作，可我们走在不同的教学之道上，我们的教学之道形态各异。

为了叙述的方便，我把一些常见的教学之道标上名称。这样称呼，或者那样称呼，我知道，并不恰如其分。

讲授之道：不讲技术，更不求艺术，甚至不写教案，更不要说做研究，就是对照教参、教材或现成教案讲清知识，然后组织学生反复练习。

扎实之道：可能也讲技术，可能也求艺术，但表现最重要的是不遗漏一个知识点，不遗漏一个类型习题，不允许一个学生分心，不允许学生把一分钟花在非学习之事上，总是与学生手把手，肩并肩，一直战斗到最后将知识点弄明白为止。

应付之道：心不乐教，心不在教，心在教之外。事实上，行为，也在教之外，尽管教还是在教，可教的是什么，教得怎样，并不关己。

轻松之道：心不乐教，心也不在教之外，心在哪，并不知晓，走上讲台，就教，走下了讲台，就扯扯淡，玩玩人世间的各种游戏，一天就过去了。

智慧之道：讲技术，讲艺术，根本的目标，是要用最轻松、最愉快的教法让学生学会知识，让学生全面发展。

……

教学之道并非以上种种，教学之道万千。

抹掉自我，只让孩子进入视野，我们多么希望教师都走在智慧之道上。

谁都有孩子，别人的孩子就是我们的孩子，我们的孩子也是别人的孩子。孩子的成长，是我们的成长；孩子的前途，是我们的前途；孩子的幸福，是我们的幸福。为了孩子，教师都应该走在智慧之道上。

可在这个世上，教师不可能都走在智慧之道上，甚至不会有几个教师走在智慧之道上。

为什么？

别问为什么，去看看，走在这些道上，教师会付出什么，又会收获什么。人，是世间最逐利的动物，教师也是人，只要哪条道上的收获最能满足心意，他就会走上哪条道上。

教师走上此道，还非彼道，与他人的期待和说教没多大关系。

我努力学习、思考、教学，形成了我的教学之道。我始终走在自己的教学之道上。

我教学的最终目标是促进学生生长。

学生的生长主要包括两个方面，一是社会能力不断增强，二是精神世界不断完美。教学的最终目标，是提高学生适应社会的能力、丰富学生的精神世界，是促进学生的生长。

生长是人的一种自觉行为，教学只是最有效的促进。促进学生生长，是教学存在的根本意义和价值。

一次教学活动，常会设定多个教学目标。如教学一首诗歌，既可能要让学生理解、背诵这首诗歌，了解诗歌的创作方法，感受诗歌的意境与美，还可能要让学生体会诗歌所蕴含的人生意义。

这些目标并不等于提高学生适应社会的能力与丰富学生的精神世界，但它们指向同一方向，指向教学的最终目标，为最终目标服务。

教学常有多个目标，各个目标都有价值，但它们的强弱并不一定均衡。在一次教学中，可能有些目标强，有些目标弱，有些目标突出，有些目标隐性。如教学用提取公因式法分解因式，学生理解提取公因式法，会运用这种方法分解因式，是突出的教学目标；另外一些教学目标，如通过学习因式分解掌握逆向思维方式，提高解决问题的能力；通过运用所学方法解题，培养学生创新能力与克服困难的意志等，

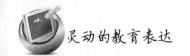

就是弱的、隐性的。

隐性的教学目标，往往没写在教学设计上，也不显而易见，但它们确实存在，它们为教学指向最终目标提供依据。

教学突出一个目标，往往会削弱另一些目标的实现。如为了让学生掌握某一类问题的解答方法，常采用强化训练的方式。这样的教学会牺牲学生更多的时间，让有些学生感到压力大，不够快乐，学生的精神生长可能受到压制、伤害。

面对这样的事实，我们不能过于遗憾。任何事情都难以两全。在一次教学活动中，想突出、实现每一个我们期待的目标，是一种不符合客观事实的空想。

那种见到某种教学突出某个目标而没有突出另一个目标，就彻底否定这种教学的观点，不理性、不客观，是一叶障目、不见森林的表现。

应试教学，是为应付考试的教学，人人喊打。但在应试教学的过程中，学生需要掌握丰富的知识，需要提高解决问题的能力，需要聚精会神，需要顽强的学习意志。从这个角度看，应试教学也促成了另外一些目标的达成，在一定程度上促进了学生的生长。不加思考地加入喊打应试教学的行列，有些盲目、不客观、不理性。

当然，理想的教学是在突出某个或某些教学目标的同时，不阻碍其他目标的实现，且能有效地实现最终的目标。

我教学的内容尽管是知识，知识经教学促进学生生长。

知识是人们在改造世界的实践中所获得的认识和经验的总和。

由此，知识不只以文本的方式呈现。科学实验、文体活动，与学生相随相伴等呈现的也是知识。只是知识在这样的活动中已被解读、被重建、被隐含，知识成为了非文本形式，知识在不知不觉中被传播、被学习。

知识是教学的内容，教学依知识而存在。知识通过教学这种方式，促进学生的生长。

用教材教学，显而易见，教学的内容是知识。可对于有些教学，我们往往认为教的不是知识。如组织学生做一项物理实验，组织学生参观烈士纪念馆，组织学生参加一个社区活动，与学生谈心等。

其实，开展这些活动，也是在以知识教，在教知识。物理实验是在验证、理解、掌握知识；参观烈士纪念馆是在重温历史、学习烈士的精神；参加社区活动是体验社会生活、学习社会经验。

任何教学都以知识为内容，只是不同的教学方式中，知识的形态不一样。有些教学中，知识是显性的，如教一个物理公式；有些教学中，知识是隐性的，如参观科教馆所要学习的科学精神与创新意识。

以知识为教学的内容，或教学知识的观点，常被人误解。认为教知识，就是忽视学生能力的培养，就是阻碍学生的情感、态度、价值观的发展。其实，知识是教学的抓手，是促进学生生长的媒介，也是人的能力和精神的本身。没有了知识，教学就没有落脚点，就只剩下空壳，就只是虚无。

但教学不只是教知识，而是要利用知识教，要把知识转化成学生生长的养料。

我的教法有很多种，但其根本指向是学生的生长。

教学方法繁多，甚至可以说有多少教师，就有多少教学方法。教学方法的多样性，表达的是知识呈现方式的多样性、教学目标的多样性、教学组织形式的多样性。

任何一种教学方法的存在，总有它的理由；被普遍传播的教法，总有其价值。如讲授式教学，尽管它不利于学生的自主意识与能力的培养，被许多人不看好，但它对于班级授课制来说，特别是对于大班额的班级授课，又是一种高效、实用的教学方式。

人是立体的，人的生长是多面的。教法是促进学生生长的路径，但它往往只能指向学生生长的某个侧面。也可以说，教法并不是一双慧眼，再理想的教法，所观照到的目标也是片面的。

讲授式教学能更快地让更多的学生知道所学知识是什么，但它难以培养学生自主学习的能力；学生以自主、合作、探究的方式学习，能提高自主、合作、创新的精神与能力，但它又更花时间，学习能力差的学生难以在规定时间内达成学习目标，整体教学效率较低。

任何一种教法，如任何事物一样，有优势，必有其劣势。

但教学是为人而教，教学不可脱离学生的利益。一种教法，如果只是为了帮助学生应付考试，只是为了记住文本上的知识，只是实现学校或教师的名利，这样的

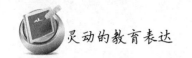

教学必然会受到攻击，必然会消亡，不会有长期生存的生命力。

有生命力的教学是指向学生成长的教学。

所以，教师选用教法，应依教学内容与学情等实际因素来选择，应尽可能发挥教法的优势，克服教法的劣势，力求自己的教学成为好的教学。

我的教学是一种理性的平衡术，以此和谐地促进学生长。

教学由很多要素组成，一次教学活动，也是各种教法的有机结合。教学要达成最终目标，就是要理性地平衡教学中的各个要素。

理性地平衡，并不是均衡用力，而是说教师要站在理论的高度，观照实践，在教学的各个要素之间做出选择，优化各个要素的构成，最大限度地达成教学的最终目标。

教师要掌握的教学平衡有许多，高超的平衡术，需要教师在教学中不断修炼。我坚守以下几个方面的平衡，以下几个方面的平衡对于实现教学的最终目标最为重要。

平衡主导与尊重。教师主导着教学的理念、教学内容与方式的选择。但这种主导不是主宰，它必与"尊重"两字达成平衡。尊重是指教师在主导教学的同时，要尊重学生的学情、学生的自主性、学生的生命存在。如组织学生学习时，在组织方面，教师是主导；在学习方面，教师要尊重学生，学生是主体。

平衡守约与张扬。守约是指教师的教学要遵守教学的一般规律，要遵守学校的教学规范。没有规范的教学必定是随便、随意、没有成效、伤害学生的教学。当然，守约并不是墨守成规、一成不变，并不是刻板套用。教师在守约的同时，还必须张扬。张扬是指教师要发扬个性，要始终有创新的热情与实践。守约与张扬看似矛盾，其实，它们的平衡是完美教学的体现。守约的教学是对的，张扬的教学才可能是好的。

平衡鞭策与等待。教学中，教师更习惯鞭策，总想着法子鞭策每一个学生，总想让每一个学生尽快学好。如加班加点给学生补课，搞题海战术，学生稍有放松，就指责，甚至体罚。学生的生长，需要教师的鞭策。正由于有老师的鞭策，更多的学生才学有所成。但鞭策不能过，鞭策应以学生的实际为前提，对于一个缺乏音乐天赋的学生，硬要鞭策他成为音乐家，就是对生命的摧残。鞭策学生的同时，教师必须学会等待，学会静候花开。学生的成长是一个漫长的过程，每一个人有每一个人独特的成长规律。等待学生成长，是尊重学生的体现，是一种不错的教学方式，是有效实现最终目标的途径。

平衡追随与坚守。世界是变化的，随着时代的发展，新的教学理念与方法层出不穷。教师必须与时代同步，与学生的认识与生活经验同步，必须追随新的教学思想与方法。但追随不是盲从，不是见异思迁，不是在奔跑中丢失自我。再变化、再发展的教学，其本真不变。教师在不停地追随时，一定要坚守教学的本真，要坚守真、坚守爱、坚守美、坚守更好的效果，要始终朝着教学的最终目标——促进学生的生长前进。

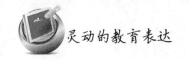
教师的教与学生的学

对于教学这个词，我们习以为常。虽然它常被挂在口头上，但到底什么是教学，我们常不知其所以然。

我们所说的教学，一般是指学校教师的教与学生的学。要透彻理解教学，我想还得把教学分开来，先看看什么是学生的学，什么是教师的教。

什么是学生的学？

学生的学包含如动机、方式、成效等许多内容，这里谈及的学生的学，主要是指学的方式。

学的方式有许多，如在他人的说教、示范下学；独立阅读、思考，探究地学；在与他人讨论、交流、合作中学等。

学的方式，有些是他人总结的，需要学习掌握后方可运用；有些是在生活中不经意获得的，无需他人专门的指教，如模仿，妈妈并没有特意地教孩子，孩子却学会了妈妈说话的语气与神态；有些是随着时代的发展而创新的，如网络等新技术的学习就需要创新学习方式。

学生的学，总是通过一定的方式指向某个目标的。表面上看，学生的学是为了学会某项知识。其实，学生的学不仅如此，学生的学更需要培养专注、创新等品格，提高交流、合作等能力。基于此，选用一定的方式学，不能只考虑方式所指向的知识目标，而应关注方式本身存在的价值。也就是说，不能只考虑有效掌握知识，而要在学习的过程中，修养品格，形成能力，追求运用学习方式的利益最大化。

有效的学,是选用恰当的方式学。选择怎样的方式学习,要根据学习内容、学生个性特点以及所要达成的学习目标而定。如果要背诵一首诗歌,采用独立朗读的方式就不错;如果要理解一首诗歌的诗意与内涵,除独立朗读外,最好还要采用同伴之间、师生之间相互交流的方式学习;如果要学习三角函数公式,对于一般学生来说,就必须采用理解识记的方式来学,当然,对于过目不忘的学生,运用机械记忆的方式学习也未尝不可。

学生的学一定是自主的。选择学的方式,是自主的;理解、掌握、运用知识,也是自主的。但由于年龄小、经验不足、认知水平比较低,学生自主选用的学习方式,往往不恰当、不准确,学习也难以达成目标。这说明,学生的学需要教师的指导。如学习古诗词,教师如果不帮助学生疏通字词,了解时代背景,学生就难以理解其文意;如进行科学实验,教师至少要把学生组织起来,合作实验。教师的指导能让学生掌握更多、更系统的学习方式,提高学习能力与效率。

这也正是教师的教产生的根本理由。

有了教师的教,学生学的效率可能得到提高,但并不是没有教师的教,学生就不会学,就学不会。

什么是教师的教?

教师的教,也有各种形态。如通过讲解、示范让学生学,通过创设情境或疑问启发学生学,指导学生选用恰当的方式学,组织学生在活动中学等。

教师的教与学生的学相辅相成,教的方式不可独立地存在。教师运用某种教学方式教,其实就是学生运用某种方式学;教师创新教的方式,其实就是为学生创新学的方式。教师的教,最终会体现为学生的学。

教师运用教的方式,如学生运用学的方式一样,需要对教的方式准确理解与把握。如运用展示交流教学,就不能只是随机抽选个别学生上台展示,不能只是让一组学生在台上站成一排说出自己的答案,而要在学生展示前,全面了解学生的学习效果,明确需要展示的内容,然后再指导学生运用恰当的方式(展示习题的解答,一个学生展示就行,展示情境性或实验性成果,则可以组织多位学生合作展示)进

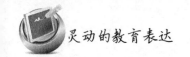

行展示。

教师的教，要尊重学生的学。尊重学生的学，就是学生需要教师讲解时，老师就给予讲授；学生需要教师点拨时，教师就给予引导；学生需要合作探究时，教师就组织学生合作探究；学生能够独立学习时，老师就让学生安静地、独立地、完整地阅读、学习。如果学生无法理解时，老师却不讲解，硬要学生独立学习；如果学生需要合作完成科学实验时，教师却只在黑板上讲解科学实验的原理与过程；如果学生能够独立学好时，老师却提出一个又一个问题，把一篇完整的文章或一段完整的教材割裂成条块，引导学生学习，或硬要学生进行合作讨论交流，阻断学生独立的思维，只图形式上的热闹，不顾学生真正的学习需要……这些就是不尊重学生的学习。

教师的教，要满足学生学习的需要。学生有怎样的学习需要，教师就要选用或创新相应的方法让学生学。如学生需要了解《慈母深情》（小学五年级）的写作背景，教师就要真实地给学生讲述；学生难以理解函数的定义，教师就要深入浅出地为学生分析；学生学习一节新体操，教师就要给学生做准确的示范。

教师的教，要指导学生选择恰当的方式学。如学习几个生字的读音，学生可以选择独立、反复朗读的方式学习，也可以选择与同伴对读的方式学习。显然，选用与同伴对读的方式学习更恰当，因为在这种学习方式中，有相互的对读，学生可以尽可能地读准字音，并且还可以交流感情，培养合作能力。又如学习某段历史，是学生通过独立地搜集资料、阅读教材，再与同伴交流讨论的方式学习，而是教师重构这段历史，再生动地给学生讲述。教师应根据教学内容与学生实际来选择。

教师的教，要组织学生学。学习某项知识，独自或运用某种学习方式往往难以完成，往往需要学生分工协作，需要把不同的学习方式综合起来。此时，教师的教就体现为组织学生学。如开展一项科学实验，学生就要组成小组，组员要有所分工。如学习《卡罗纳》一文时，要解决两个问题：①卡罗纳失去母亲的心情怎样？可以从哪些地方看出来，用直线画出来。②面对悲伤的卡罗纳，老师、同学们、我、家长是怎么做的，用波浪画出来，从这些语句中，你体会到什么？针对这两个问题的解决，教师应指导学生综合运用不同的方式来学，如先独立思考解答，再合作探究。

如果提出问题后，就要求学生在小组内合作探究解答就不恰当。教师的教，要创新学的方式。创新学习方式的主体是学生，创新学习方式也是教师教学的主要内容。教师之所以是教师，就是由于教师更有能力创新学的方式，更有能力指导学生创新学的方式。

教与学的关系如何？

学生学的意识与生俱来。如生下来的孩子会哭，十几天的婴儿学会了笑。一些基本的学习方式，如模仿他人、与同伴交流、思考与探究新事物，在日常生活中就可习得，并非要有教师专门的教。没有教师的教，学生的学依然存在。

学生的学，是教师教的前提；教师的教，是应学生的学而生的。有了学生的学，才需要教师的教；没有学生的学，教师的教就失去了存在的意义。学生对教师的教没有反应，教师的教就没有价值。

有什么样的学，必然要求有什么样的教；有什么样的教，会导致有什么样的学。教师的教，不为彰显自我的新奇形式，不为表达自我的所谓价值；教师的教，是为了学生的学，是为了学生更好地学。衡量教师教的优劣的唯一标准，就是学生是否学好。

适合学的教，是好的教；伤害学的教，是必须改革的教。

怎样改革教与学？

改革教学，简单地讲，就是在新的教学理念指导下，革除不恰当的教与学，创新更有效的教与学。

教学只有形式，没有实效，这种教学需要改革；需同伴合作才可完成的学习，却让学生独自学习，本该让学生独立完成的学习，教师却不厌其烦地讲授，这种错位的教学需要改革；学生能够很好地运用某种教学方式学习，教师却不放心，自以为是地要求学生用另一种方式学习，这种不尊重学生学习的教学需要改革；时代发展了，国家提出了不同的人才要求，教师却还是运用传统的、无法达成新的要求的方式教学，这种不能与时俱进的教学需要改革。

改革教学，就是要准确理解、把握教与学的方式，就是要尊重学生的学，就是要根据学生学的需要选择方式教，就是要指导学生选用恰当的方式学，就是要根据

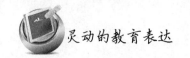

时代的发展、国家对教学的要求、新的教学理念以及学生个体生命的需要，创新教与学的方式。

创新了一种教或学的方式，还不能说是改革了教学。新的方式，只有恰当地运用于教学中，才成为改革。不问是否恰当，粗暴地用一种方式代替另一种方式，不是改革教学，而正是需要改革的教学。

改革教学，表面上看，是改革教师的教，其实，改革教学，本质是改革学生的学。学的成功改革，才是教学改革的成功。

与课堂教学相关的观点

"在提升学校品质的过程中，先进的思想和正确的理念是先导，优秀的校长和敬业的教师是主体，达标的硬件和规范的管理是基础，系统的课程和丰富的活动是载体，优雅的文化和独特的品牌是表现，优秀的学生和社会的认可是目标"。课堂教学是学校教育的核心要素，这不可遗漏！相反，我们应让深邃的光芒把它照得通亮。科学而艺术的课堂教学，是提升学校品质的根本。根本，如一颗种子的胚芽，没有胚芽，再适宜的环境，种子也孕育不出绿色的生命。

在某个山村，老师与学生走出教室，手捧着书，站在草地上，向着大山朗读、向着小河朗读，这也是课堂教学。课堂教学，不只是在教室里的教学。课堂，是教学之所；教学在，课堂就在。山野里有书声，山野就是课堂；舞台上有舞蹈，舞台就是课堂；节日里有歌唱，节日就是课堂；实验室里有探索，实验室就是课堂。

理念，是教学目标的灵魂；课程，是实现教学目标的载体；课堂教学，是达成目标的路径。即使拥有再高贵的灵魂，穿有再华丽的服饰，路也必须要亲自走，我们必须走在正确的路上。路没走好，一切的努力都枉然。

常听校长说："我们开齐了国家课程，开发了上百门校本（地方）课程"。这，并不值得标榜，其实，开足开齐课程是办学的底线，是学校应该做的。无论开了多少课程，无论开了怎样的课程，课程在没有好的教学之先，都只是摆设。课程要实现存在的意义，必须有好的课堂教学。建构好了课程，就要用心、用力聚焦课堂，有效教学，除此，再无别的教学之事。

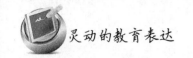

"素质教育""学生全面发展"是两个寄托了教育人美好理想的词。如果它们只停留在口头或书本上，那它们就只能是充满好感、似是而非的口号。如何实施素质教育？如何促进学生全面发展？发文件、写著作、坐在讲台上宣讲都无法实现。简单，再简单不过的途径，就是行动，就是开足、开好课程，提高课堂教学的质量。

按常规教学，不能成为教学的追求。熟稔的教学常规，只是创新课堂形态的准备，突破常规，方可创新课堂形态。教学常规与课堂形态创新，是相互融合的教学体，应成为教学的常态。创新课堂形态，是为了落实教学理念、体现课程价值，实现教学目标；创新课堂形态，必以教学理念为指导，必以教学实际为前提，必以课程为抓手；创新课堂形态，就是要创新教学理念、教学课程、教学环境与教学方法等，其核心是创新教学方法。

标准和规范，是课堂教学的底线；个性和特色，是课堂教学的生命；支持和管理，是课堂教学的保障。没有标准与规范，课堂教学就松散如稀泥，无法表达；脱离个性与特色，课堂教学就丧失活力，令人倦怠；没有支持与管理，课堂教学就难有成效，无法发展。

课堂教学，是学校工作的核心，是办学的原点。可以说，没有课堂教学，就不存在学校，课堂教学充满整个学校的时空，是学校的重头戏，甚至是唯一一场戏。可许多学校，认为安排了课程，确定了教学时间，就有了课堂教学，课堂教学就可以在夏天苗壮成长，在秋天收获硕果。其实，在这样的学校，课堂教学，有，却似无。在这样的学校，管理者更热衷于学校财务的管理，更热衷于学校人事的安排，更热衷于教辅、校服等的征订。在这样的学校，课堂教学已奄奄一息，毫无生机，正走向衰落。

理念易生，课程易构，方法易得。某些学校的某些教师提出了理念、建构了课程、学习了方法，但理想的成效却没在他们的课堂教学中呈现。为何？教学管理的缺失，是课堂教学没有理想成效的根本原因。管理课堂教学，不应只看教师有没有上课，有没有计划，有没有教学方案，而要看教师是怎样上课的，计划是否落实了，方案能否指导教学等。管理课堂教学，其真谛是管理课堂教学的过程。通过管理，要保障教师的课堂教学朝着正确的方向走，走的每一步都卓有成效，并在一定的时间内走到目的地。

提出的理念，建构的课程，并不是教学特色，只有某门学科的教学、某种教法的运用达到极致，教学才可能有特色。教学特色不可一蹴而就，教学特色必是千锤百炼的教学之果。

没有教学，就没有学校，离开教学特色，就不存在办学特色。高大上的学校建筑只是特色的建筑，舒适的校园环境只是特色的环境，多而有名的教师只是特色的人才，这些都不是办学特色。办学特色，必生发于课堂，课堂教学有了特色，办学才可出特色。

一件家具，做好搬来摆上，家里就有了家具。按理想、规划设计好文化，或在一种文化上裁剪一段，摆在校园里，学校却不可能就有文化。一个不学无术的人，穿上绅士的衣裳，不可能成为绅士。校园文化，不是搬来的，不是贴上去的。只有实实在在地做教学，教学有了特色，教学特色在时间的长河里沉淀，校园文化才可生成。

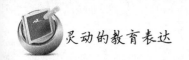
何为以学生为本的教学

谈及以学生为本，必先了解什么是以人为本。

以人为本，是一种哲学价值论思想，最早萌芽于我国，且一直流淌于我国的历史文化长河中。春秋时期齐国名相管仲就这样论述："夫霸王之所始也，以人为本。本理则国固，本乱则国危。"（《管子》）当代国学大师张岱年则把以人为本、天人合一、刚健有为、贵和尚中并列为中国传统文化的四大要点。党的十六届三中全会在继承、丰富和发展马克思关于人的全面发展理论的基础上，提出："坚持以人为本，树立全面、协调、可持续的发展观，促进经济社会和人的全面发展。"以人为本思想，是当代中国科学发展观的核心。

在西方，以人为本思想的出现，可以追溯到古希腊时期。普罗泰戈拉提出："人是万物的尺度"。这一命题标志着当时的哲学研究对象由自然转向了人。到了近代，人文主义思潮兴起，引发了欧洲的文艺复兴，人从对神的崇尚转向对自身的崇尚。以人为本位的人本主义，与中世纪的神本主义相对，在人与上帝、人与自然的关系中，高扬人的意义和价值。可以说，文艺复兴，从根本上讲，是对古希腊罗马哲学中以人为中心的思想的复兴。

以人为本思想，落实到各个行业中，"人"就有了不同的对象。在学校教育中，我们常说"学校教育，学生为本"，以人为本，也就变成了以学生为本。以学生为本，是以人为本思想的具体化。

哲学上，"人"是相对于神和物而言的，"本"可以说是世界的"本原"，也可以说是事物的"根本"。以人为本，是哲学价值论概念，不是哲学本体论概念。它是相对于以神为本，或以物为本提出的，它不是要回答什么是世界的本原，在人、神、物之间，谁产生谁，谁是第一性、谁是第二性的问题，而是要回答在我们的生活中，什么最重要、什么最根本、什么最值得我们关注。它认为与神、与物相比，人更重要、更根本。

以学生为本，是教学的指导思想，是相对于以知识为本，或以规章制度为本，或以功利为本，或以他人为本而提出的。以学生为本，就是说，教师要站在学生的立场和角度开展教学，就是要把学生作为教学的根本，就是说教学中学生最重要。

用以学生为本的思想指导教学，教学定会形成别具一格的形式，我们姑且把它称为以学生为本的教学。

以学生为本的教学，相比以知识为本，或以规章制度为本，或以功利为本，或以他人利益为本的教学，更符合时代发展的要求，更能得到社会的认可，其意义与价值更为明显。

以学生为本的教学，是从学生实际出发的教学，它关注的是学生的生命价值、主体性与根本利益。这样的教学，能充分发挥学生学习的主动性、积极性、创造性，能全面发展学生的素质，体现国家的教育方针，实现社会所期待的教育目标，有利于高质量的人才辈出。

以学生为本的教学，要求尊重学生的人格和尊严，激发学生的主动性、积极性与创造性，要从过去忽视学生的主体性转变过来。这样的教学，能破除旧思想，创造新方法，推进教学改革，促进教学发展。

以学生为本的教学，要求尊重学生的生命，关注学生的利益，激发学生学习的主观能动性。这样的教学，师生关系和谐，学生学习积极、主动，更容易获得好的学习成绩，教育质量更容易得到提高。

从字面上理解，以学生为本的教学，简单明了。但深入探究，我们又会发现，其内涵纷繁复杂，难以准确把握。下面尝试探究以学生为本的教学内涵。

先概括地看，以学生为本的教学，可以说就是彰显学生人性的尊严和生命的价值的教学，教学中，每个学生能尽情地享受生命的美好和人生的幸福；就是洋溢着

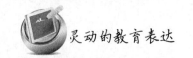

学生的自主性的教学，教学中，学生的主体权利和生命自由能得到最大的关照，学生有选择的自由，能独立探索、尝试、思考和判断，能自由地发表观点；就是能满足每一个学生个性化的发展需要的教学，教学从每一个学生的特点出发，为每个学生提供最适合的发展路径，尽最大可能促进学生全面发展。

从另一个角度看，以学生为本的教学，就是要始终顾及学生生命的存在，不能为了他人或学校，而让学生处于不利或危险的境地；就是要始终顾及学生的要求，不能为了应付某个人或组织的要求或为了向某个人或组织邀宠，而建构让他人满意的课程；就是要始终顾及学生的学情，不能为了完成既定的教学计划、表现教师的才华，而开展教学；就是要始终把学生的利益作为教学的全部利益，不能为了他人或学校的利益，而向学生推行某种教法或产品。

也许这么阐述以学生为本的教学的内涵还不够明确，下面再以具体的事例说明。

以学生为本的教学，会把学生健康成长、全面发展、学有所长作为根本目标，而不会把在统考中取得好成绩、升入重点学校的升学率作为目标。

以学生为本的教学，会尽可能地考虑学生个人的成长实际及其个人的感受、意愿和要求，保障学生学习的自由以及学习的自觉性、主动性与积极性；会允许学生自由就读，如果学生个体发展超前，就允许他提前入学，如果学生个体发展缓慢，就允许他休学或留级，如果学生兴趣转移，暂时不想读书，就让他保留学籍，离开学校，想回校读书时，再随时返校学习，而不是刻板地执行某个入学年限或禁止学生留级、休学。

以学生为本的教学，一定会严格执行课时计划，给学生留下更多可自由支配的时空，保障学生自由发展，而不会千方百计地把学生拴在教室，把除睡觉以外的所有时间都尽可能用在学习上。

以学生为本的教学，会尽可能多地设置选修课程，帮助学生根据自己的发展愿望、兴趣或擅长选定学习课程，为学生的个性化发展提供可能，而不是要考什么就开设什么课程，什么课程的教学组织简单就安排什么课程；以学生为本的教学否定"高考中不考体育，临近毕业的学生就不再开设体育课""社会实践活动课组织复杂，就不安排社会实践活动课"等教学行为。

以学生为本的教学，不会放弃任何一个学生，对于素养高或不高、学习能力突出或不突出的学生，教师都会建立专门的指导制度；教学能真正面向每一个学生，每一个学生都能享受到应有的、平等的、个性化的教育，而不是简单地均衡施教，素养高、能力强的学生得不到突出的发展，素养低、能力弱的学生又达不到基本的目标。

以学生为本的教学，不是延长学习时间、死记硬背的教学；不认为传授的知识越多，教师所做的教学工作就越优异；班额小，教师因材施教的教学效果有保障，每个学生都有所发展；学生有了好奇心，对事物或所学知识产生了疑问，教师不会简单地用看似真理的观点去压制学生，甚至讥笑学生的好奇与提出的疑问；会为学生创设自由、主动学习的环境，如让学生三三两两围坐，或独立，或共同地完成学习任务，而不是让学生严格地排排坐，教师站在讲台上一言堂。

以孩子为本，父母不会为实现自己成为舞蹈家的梦想，而硬要求孩子学习舞蹈；教师不会为了自己的利益，而硬要求学生参加自己开办的课外培训班；学校不会为了协调各种关系，促进学校发展，而组织学生参与迎宾或招待等与学习无关的事。

指导教学的思想多种多样，教学的形式也就形形色色。尽管我们对以学生为本的教学的内涵有所了解，但要判断某种教学是否以学生为本的教学，不同的人又会有不同的观点。以下实例就是例证。

有些学校以军事化的方式管理学生，把学生训练成应试机器。这样的教学，显然是学校为了提高升学率，为了让自己的学校成为所谓的优秀学校，以便于引诱更多的家长把孩子送进这样的学校，获取更多的利益。但要说学校办学不以学生为本，学校不会同意。他们会说，自己的所作所为是为学生的终身发展奠定基础，是以学生的利益为根本的。

"足球（或计算机，或理财）教学要从娃娃抓起"，是教学中常见的一句模式化口号。显然，它关注的是足球等事业的发展，而并不是学生本身的要求与发展。但要说这样的口号没有以学生为本，呼喊这些口号的人就不会同意。他们会说，让学生学好足球，就是让学生学会一项生存技能，为将来美好的生活做准备，提出这样的口号是以娃娃为本的。

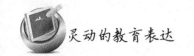

考什么就教什么，是许多教师的教学常态。这样的教学，显然是以考试的知识、帮助学生获得一个好的考试分数为根本的，它基本不会顾及学生的生长发育实际、主体性与素质的全面发展。但要说教师的教学没有以学生为本，坚持这样教学的老师就会大呼冤枉。他们会说，考什么，就教什么，就是为了学生得到一个好成绩，考上一个好学校，成就美好人生，自己的教学一切为了学生，为了学生的未来，完全是以学生为本的教学。

为了获得经济利益，教师常要求学生参与自己组织的有偿课外辅导，或向学生推销教辅等商品。显然，这样的行为是以经济收益为根本的。但要说教师这样做没有以学生为本，这些教师也会反驳，自己组织学生辅导，是为了帮助学生更好地掌握课堂所学内容；推销教辅，是因为这些教辅质量高，有利于帮助学生学好课本知识，是为了学生能够学得更好。

然而，自己的教学明显是为了自己或他人的利益，或者只是为了学生一个难以预知的未来，甚至还伤害到了学生，说到最后，教师也会说自己的教学都是以学生为本的。

但事实真是这样吗？一种教学方式是否体现了以学生为本的教学思想，是一个公说公有理、婆说婆有理的问题吗？不，以学生为本的教学有其明显的特征。

以学生为本的教学，必然具有现实性，即教学应是以学生的当下为本，而不以学生难以预知的未来为本；必然具有主体性，即教学应突出学生的主体地位与意识，而不是以父母、教师、学校等他人的意志为本；必然具有直接性，即教学应以学生的直接利益为本，而不是以父母、教师、学校等他人直接获得利益后，学生获得的间接利益为本。

以学生为本的教学，需要把学生的利益作为教学的出发点与根本。利他，是以学生为本的教学的本质。

在一个充斥着利己思想，一切言行都从自己的利益出发的时代，以学生为本，往往只能是某些教育人的理想，或某些教育人教学的一个方向，很难以成为教学现实。

同时，以学生为本思想，也只是千千万万教学思想中的一种，它与其他教学思想并存，且经常会与以他人利益为本的教学思想相冲突，落实以学生为本的思想，必然会遇到无数的阻力。

因此，要落实以学生为本的思想，实施以学生为本的教学，首先，需要社会有以人为本的共识，也就是说，无论是社会还是个人都要认识到以人为本思想的价值。当然，以人为本思想，也不可能自然成为社会的共识，作为社会人，要从自我做起，即使社会管理者或他人的为人处世不以人为本，自己也要始终坚守以人为本的思想，只有这样，以人为本的思想才可能成为社会的共识。

其次，要有制度安排。也就是说，教育管理者要把以学生为本作为教育管理的根本思想，具体制度要体现以学生为本，对不以学生为本的教学要给予管制。

最后，要有落实以学生为本思想的教学技术。也就是说，教师要探索以学生为本的教学实践，教育管理者要把这样的教学实践打造成学习的榜样，进而影响他人与社会，真正让以学生为本的教学成为现实。

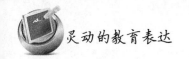

依什么而教

一个社会职业，一定高扬着国家的意志，它的运行总有依据、规则与规范。依依据、规则、规范行事，是有序、高效，乃至自由、幸福的保障。

教师，就是一个社会职业，教师的教学不能想当然，它必须体现国家的意志，必须有依据、有规则、符合规范。

要依课程标准而教。

课程标准体现着国家教育意志，它对培养怎样的人、用什么培养人、怎样培养人都有明确的规定。

教师必须依课程标准而教。

教师是课程标准的执行者，对课程标准，必须遵守，不可违背，不可在国家的课程标准之外另搞一套标准。

为了便于教师更具体地理解课程标准，教育研究专家与专家型教师编著了《教师用书》与教材。《教师用书》与教材是对课程标准的具体解读。理解、钻研这两类书，是教师准确理解、把握课程标准的基本途径。

课程标准对于教师的教学提出了基本的、共同的目标，即教师的教学要实现知识与技能、过程与方法、情感态度与价值观等目标。如果以此为教学标准，教师的教学就应让学生经历一个学习的过程，让学生学会学习的方法，让学生在活动中、情境中体验，感受情感，形成良好的态度与价值观。

依课程标准教学区别于灌输式教学。例如，小学科学课程的总体要求是了解简单的科学知识、理解科学方法，形成科学意识。那么小学科学的教学就不是带领学生深刻理解或死记硬背科学知识，就不是要求学生应用科学知识解决深奥的科学问题，而是要通过科学实践活动引导学生了解科学知识，学会观察、实验等科学方法，体验形成科学意识。例如，小学《品德与社会》课程的根本目标在于促进学生的精神丰满、社会经验的丰富。教这门课程，就应通过活动与情境引导学生体验情感、感受精神、理解经验，达到精神的生长与社会经验的丰富，而不能是教师宣讲课文内容，然后要求学生记住一些教条。例如在教师宣讲完《这是我们的心愿》一课的材料后，要学生解答：用爱心为他人点燃希望，是一种＿＿＿＿更是一种＿＿＿＿。就偏离了《品德与社会》的教学要求，就不可能达到《品德与社会》的教学目标。

依课程标准而教，教师的教学才可能有正确的方向、正确的方法，才可能实施素质教育，才可能有真正好的教育质量。

要依学生实际而教。

学生，是教师教学的出发点与归宿，教师必须依学生的实际而教。

但实践中，不依学生实际而教的事例，随处可见。

如有教师说"我们的学生基础差，学不懂"。其实，学生学不懂，就是教师的教学没从学生的实际出发，让基础差的学生学了基础好的学生能学的内容，是没让学生学能够学懂的内容。学生学不懂，往往不是学生的错，而是老师的错。

如有教师说"如果组织学生合作学习，一节课就完不成教学任务"。其实，完不成教学任务，是教师的教学没从学生的实际出发，可能是教师用合作学习方式教了用讲授式所要教的内容。学生的实际，是教师设置教学内容、选择教学方法的依据。完成教学任务，是教好一节课的基本要求。不能完成一节课的教学任务，往往不是教学方法本身的错，不是学生的错，而是运用方法的教师的错。

脱离了学生的实际，教学内容再有价值、教学方法再新颖，教师的教学也是无效的教学。

以课程标准为依据，教师的教学才可能正确；以学生的实际为依据，教师的教学才可能有效。

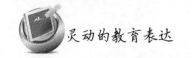

不依教辅而教。

依课程标准而教，依学生实际而教，也就是不依教辅而教。

教辅，是指诸如教案书籍、教学光盘、各种渠道流入学生手中的练习集等。

如果教师不自主设计教案，而是抄教案书上的教案，教师不自主设计教学PPT，而是播放现存的光盘，那教师就是依教辅而教。

如果学生有多少练习册，教师就要督促学生完成多少练习，就要讲解完多少练习，为了让学生做完、自己讲解完这些练习，就占用音、体、美等不需书面考试的科目的课，那教师就是依教辅而教。

依教辅而教，教学中，就不见教师、不见学生，也不见课程标准；教师、学生被教辅牵着鼻子走，劳苦、压抑、低效。

课程标准、学生是教师的主人，教辅只能是教师的仆人。教学不是教教辅，而是利用教辅教。

不依偏颇的评价而教。

为了培养人，国家设计了课程体系，这个课程体系是系统的、全方位的，它的落实能保障学生的全面素质的提高。

为了让教学有足够、持久的动力，有明的方向，能始终走在健康的路上，教育管理者常对教学进行评价。

但实际中，教学评价往往只是对部分课程的考试，并且对某些课程的考试又只是考查学生的识记、理解等能力。这样的教学评价，是一种偏颇的评价。

不管是怎样的教学评价，它总会牵引着教师的教学。即使认识到了评价的片面，一般教师往往也难以逃脱评价的牵引，常考什么，就教什么，不考的，就不教。

不依评价而教，难。但依偏颇的评价而教，必然伤害学生，偏离课程标准，无法体现国家教育意志。

不依偏颇的评价而教，而依课程标准而教，是一个教师的勇气、责任与担当。

不依他人的个人观点而教。

有多少关注教学的人，就会有多少教学观点。特别是那些名师、教育研究专家、教育管理者不仅会提出自己的观点，而且会利用他们的力量，向老师强势推行他们的观点。

有人说，学生没有分数，学校怎么立足。

有人说，传统的教学方式，只能打零分。

有人说，某些科目没有专业的教师，这门学科就可以不开。

有人说，小学数学每周开设四个课时，作业都做不完，要学好数学，起码每周开十二节课。

……

众说纷纭，一般教师常常不知所措，一下遵循这个观点教，一下又按那个观点教，教学中，唯独没有国家的课程标准，没有自己，没有教学的出发点与根本目标——学生。

他人的观点，再耀眼，再强势，也只能是教师教学的参考。教师不可依照他人的观点而教，教师开展教学的依据只能是课程标准与学生的实际。

依照课程标准教学、依照学生实际教学，是简单的教学，也是纯粹的教学。

只有熄灭了个人私利，坚守教学的本质，才可以不依教辅教学、不依评价教学、不依照他人的个人观点教学。

现实中，这样的教学，很难见。

期盼这样的教学，其实是期盼能透彻理解教学本质的教师，有独立人格的教师，不计名利的教师，有坚强意志与纯粹心灵的教师。

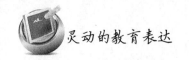

变化之中，我们坚守什么

想写与"变化"相关的文字时，我反复告诉自己，要静如止水，不起半点涟漪。坚守平静，方可书写"变化"。

《易经》，古代六经之首，中国文化之根。在它的眼里，世界是始终变易的。

变化是什么？变化，如不断涌起的波涛，后浪推前浪；如戏幕的不断转换，你方唱罢我登场；如高速旋转的漩涡，无始无终。

每一个人都处在变化之中，许多人赖以生存的教学，也始终处在变化之中。

教学，曾经要以学生的学业为本。遇到大雪、瀑雨，学生不想上学，老师、家长都会这样批评教育：遇到点雪（雨），就怕了，就想不上学了，以后遇到再大一点的困难怎么办？现在，教学的理念变了，教学要以学生为本，学生的生命健康成了教学的首位，还只听说要下雪了或大雨将至，学校就放假了。

曾经，课堂上讲得透、讲得精彩的老师是好老师。现在，只顾自己讲，即使讲得好的老师也不可能认定为好老师。好老师一定要组织学生学得透、学得精彩。

教学方法的变化，更如疾步走过耳边的风。自学辅导法过去了，尝试教学法过去了。现在，又走来了导学案、微课、翻转课堂、在线课堂、慕课……

教材，也在不断改版。教材本如保暖的衣服，现在却成了一年一发布的时装。教师对这套教材的结构、体系还不甚了解，现在又改版了，下一期将使用另一套新的教材。

兴建语音室、电脑室等教学功能室的浪潮还没有退去，这些功能室就已远远地落在了时代的后头。现在，每个教室都成了多媒体室，网络已校校通、人人通。不久的将来，学生的书包将被电子书包取代，学生不再像现在的学生，他们都手持平板电脑，如一个个活泼的玩家；学校不再像现在的学校，学校有无数多的学生，却无需像样的校园，社会处处是校园。

变化，是万事万物存在的方式。

变化，是时间滴嗒一声，是我们向前跨出一步。

变化，是我们还没领会这是什么，这已面目全非。

人生是一次旅行，我们追随着一趟趟列车，没踏上这趟列车，就会错失远方。人生是一次冲浪，我们追随着一个个潮头，没踏上这个浪潮，就会被大海淹没。

追随，是生命的方式，是智者的选择。

教学以学业为本，我们就把提高学生的学业成绩放在首位；教学以学生为本，我们就把学生的全面、健康成长放在首位。

努力地讲、准确地讲，甚至精彩地讲，难以培养学生适应当今社会的能力。我们就要变，就要有智慧地组织学生学，让学生在我们的组织下自主学会知、习得自主学习的能力。

尽管我们的教学经验已丰富，教学特色也突出，但面对迎面而来的新的教学理念、教学方法，我们不固步自封，我们敞开胸怀，把握新教学理念，掌握新的教学方法，展示运用它的热情与能力。

教材再变，它也只是教的材料，我们可以使用这种材料教，也可以使用另一种材料教。教材改了版，好！看看新版的教材又有怎样的新意；下一期又要用另外一套教材了，好！看看新的教材又会让学生有怎样的成长。

当今社会，新技术就像快乐人家的礼花，时不时地就让天空变得很灿烂。新技术刚产生，就会融入学校，教学就会变成有新技术的教学；教师只有掌握了新技术，才可掌握教学。

追随，是热情的身姿。

追随，是识时务、务时务。

追随，是永不老，朝着太阳跑。

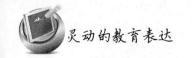

追随，必定是奔跑，奔跑孕育着疲惫。

追随，必定是蜻蜓点水、不求甚解、浅尝辄止，必定是猴子掰玉米，这一个没焐热，丢了，又开始掰另一个。

追随，如坐过山车，除了尖叫、痛快、引人注目，常常自己无法知晓自己是谁，无法知晓自己身处哪里。

教学理念层出不穷，令人眼花缭乱。可每一个教师有自己的世界观、人生观、精神风貌，也就有自己的教学理念。学习新的教学理念，转变自己的教学理念，是任务，是要求，也是自己的梦想。但学了新的教学理念、转变了自己的教学理念后，自己已不是自己，自己也没成为他。

有多少教师，就有多少教学方法；有多少优秀教师或名教师，就可能有多少教学方法流行，有多少教学需要学习、掌握。这一种教学方法还没学好，另一种教学方法又闪亮登场。在这场无休无止的学习中，教师们常常手忙脚乱、力不从心，不知该用哪一种方法，不知自己应落脚在哪一个地方。

新的教学理念、新的教学方法、新的教材、新教学技术一出现，总是闪着耀眼的光芒，不可一世，唯我独尊。好像只要运用了新理念、新方法、新教材、新技术，教学就是好的教学，培养的人才就是好人才，这样教的老师就是好老师。按新的方式教学，自己就成了新方式的代言人。新的教学方式真的能生成好的教学？按新方式教学的老师就是好老师？站在潮头，处于新潮之中，自己是谁，自己在做什么，自己也不知道了。

迷失，是无知，是不知道自己追随的是什么。

迷失，是惶恐，是自己跟不上变化的步伐。

追随，衍生了迷失，迷失，成了追随的绊脚石。

变的是色，不变的是空。

变是常态，不变是永恒。

教学理念在变，教学方法在变，教学材料在变，教学技术在变，教学环境在变，教师在变，学生也在变。

但不变的，是教学本身。教学是一种关系，教师与学生之间的关系。教学的形态可以有所不同，但教师与学生相互温暖、相互长进的关系不变。今天与明天可以大不一样，但太阳与绿叶的关系不变。

不管教学理念怎么变，不管教学方法怎么变，不管教材怎么变，不管教学技术怎么变，不管教学环境怎么变，不管教师怎么变，不管学生怎么变，教学的美不能变，教学的爱不能变，教学的成效不能变。

坚守美的教学，就是教师要有美的形态、美的心灵，师生之间要有美的交流，学科知识要以美的方式呈现，教学要有美的场景、美的方式。美的教学，是充满欢喜、舒心的教学，是情操能得到陶冶的教学，是能引人入胜的教学。

坚守爱的教学，就是教师要真爱教育、真爱学科、真爱学校、真爱学生，学生要真爱老师、真爱书籍、真爱学习，课堂教学要是一个传递爱、感受爱的过程。有真爱的教学，是和谐的教学、温馨的教学、宽容的教学、没有伤害的教学、充满依恋与向往的教学。

坚守有效的教学，就是教师要理解课标、读懂教材、了解学生、有明确的目标、能结合实际运用教法，学生要愉快地学习、学有所成、个性特长得到发展、全面素质得到提高。

坚守，是抓住本真，以不变应万变。

坚守，是胸有成竹，心有所依。

坚守，是知道我是谁，我要做什么。

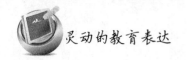
转化，教学方法的灵魂

清淡无味的水，通过厨师的烹饪，转化成了味道鲜美的汤；淀粉饱满的大米，通过酿酒师的酿制，转化成了醇厚芳香的酒。

深奥的知识，通过教师的教学，转化成了学生谋生的手段；隐含哲理的诗句，通过教师的教学，转化成了学生的品格与为人处事的方式。

教学，如烹饪。教学方法，如厨师手中的烹饪方法，它把教学材料转化成学习材料，进而形成学生品格、启发学生智慧、增强学生体质、陶冶学生情操、提高学生劳动技能。

教学方法是教学中的媒介，是教学的路径。转化，是教学方法的灵魂。

有教学，必定有方法。正如有烹饪，必定有烹饪方法。没有烹饪方法，不构成烹饪。没有教学方法，有再多的师生、再好的教材，教学都是散乱而孤立的。有了教学方法，各种相关的元素才可联系起来，才构成教学。

教学方法不可独立存在，也并非从来就有，它来源于教师、教材、学生与教学的时代。新的思想、新的教学材料、新的学情、新的时代、新的技术、新的行业总会催生出新的教学方法。

孔子时代，讨论是教学的主要方式。

以人为本，注重培养学生自主、合作、探究能力的理念，必然产生出以导学案为路线图，学生自主、合作、探究学习的教学方法。

互联网新技术的发展，生成了翻转课堂、慕课等新的教学方式。

借鉴新闻访谈模式，创新出了访谈教学法；借助童话创作与阅读，创新出了童话教育方式。

教学生跳舞，就用实验实习法。

学生组成了若干个小组，就运用小组合作教学法。

教学存在，教学的方法就会多样，甚至无穷。

有些教学方法永恒，有些教学方法却随时代的逝去而消失。

教学方法纷繁，研究者、理论家以及期待清晰理解教学方法的人就想着梳理、分类教学方法。我就如此想过。

不过，许多的教育大家早已梳理、分类过教学方法，我若再去探究教法的分类，就显得多余、浅陋、无聊。

巴班斯基曾依据对人的活动的认识，把教学方法分为组织和自我组织学习认识活动的方法、激发学习和形成学习动机的方法、检查和自我检查教学效果的方法等三类。

拉斯卡曾依据新行为主义的学习理论，把教学方法分为呈现方法、实践方法、发现方法、强化方法四类。

威斯顿和格兰顿曾依据教师与学生交流的媒介和手段，把教学方法分为教师中心的方法（主要包括讲授、提问、论证等方法）、相互作用的方法（包括全班讨论、小组讨论、同伴教学、小组设计等方法）、个体化的方法（包括程序教学、单元教学、独立设计、计算机教学等方法）、实践的方法（包括现场和临床教学、实验室学习、角色扮演、模拟和游戏、练习等方法）四类。

南京师范大学教育系编的《教育学》以学生认识活动的不同形态为依据，把教学方法分为以语言传递为主的方法（包括讲授法、谈话法、讨论法、读书指导法等）、以直接知觉为主的方法（演示法、参观法等）、以实际训练为主的方法（包括练习法、实验实习法等）和以陶冶为主的方法四类。

如果心中有了法，有了法的模样、类型与功能，教师就可如庖丁，教学无碍。

教学方法是教师和学生为了实现共同的教学目标，完成共同的教学任务，在教学过程中运用的方式与手段的总称。

实践中，教学方法并不这样抽象，它有明确的形态、具体的操作方式。

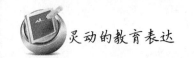

明确的形态、具体的操作方式，就是模式。一种教学方法，一定是一个教学模式。表达某种教学方法，一定是某种教学模式的表达。

讲授法就是教师讲（可以是讲述、讲解、演讲等）、学生听的教学模式。魏书生先生的"六步教学法"，就是由定向、自学、讨论、答题、自测、自结六步构成的教学模式。

教学模式，是教学方法模式化的结果。

教学方法模式化是教学方法生成、发展、传播、运用的必然选择。

学习某种教学方法，就是理解、实践某种教学模式。

教学模式化，或模式化教学，是刻板地、不顾教学实际地套用教学模式，是束缚师生思想、教学激情、难有满意成效的教学。

教学模式化，必引来批判。教学模式化所产生的一切问题或错误，不在于教学模式，而在于教师。

运用教学方法教学，必从教学实际出发，灵活而为。不同的教师、不同的教材、不同的学生、不同的教学时代，必然对应着不同的教学方法。

同一个知识点的教学，可以选用不同的教学方法。一篇戏剧里有"独白""对白""表演提示""舞台说明""唱词"等戏剧名词。教这些戏剧名词，可以用教师讲解、学生听的讲授式，可以用学生自主查阅资料理解知识的查阅文献式，可以用学生根据以往知识与经验探究理解的自主探究式。

提高考试成绩是教学目标，品德修养、启迪智慧、强壮身体、陶冶情操、培养劳动技能也是教学目标。显然，不管哪一种教学法，都不可能同时达成所有的教学目标。

针对考试试题类型，反复训练的教学方式，就无法增强学生的体格，无法陶冶学生的情操；选用了讲授式，就无法培养学生的实践、创新能力；选用了学生自主、合作、探究的教学方式，教学的进展就可能缓慢；按标准的流程教学，就可能束缚师生教与学的自主性。

世上没有相同的两片树叶，人不可同时踏进两条不同的河流。

选择运用了这种教学方法，就不可能选用另一种方法教学，注重这个目标的实现，往往就难以达成另一个目标。

好的教学方法，不可能是十全十美的教学方法，不可能是放之四海都可产生成效的教学方法。

好的教学方法，也是有缺陷的教学方法。

教学理念决定着教学的形态与价值。新的教学观念，只能在学习、创新、运用教法中才可获得。

有效的教学，就是运用恰当的教法教学。

如果心中的教法单一，不管什么内容、什么学情、什么要求，教师都按习惯的教法教，教学就必定达不成预期的目标，必然会丧失许多的价值。

教学要有法，教师就要不停地学习、创新教学方法。

最有效的学习与创新，是自主的学习与创新。如能主动向书本、同行学习，能主动地运用他人的教学方法；如面对新教材、新学情，能主动地探索新的教学方式。

人教社 2016 版一年级语文教材，编写了"与大人一起读"的学习板块。怎样教这样的课文？我想，构建教"与大人一起读"的方法，至少要解决好这么几个问题：谁是大人？以怎样的方式与大人读？什么时候与大人读？

可是，愿学习的人不多，能主动学习的人就更少，教师也一样。

教学管理者却不一样，他们总希望每一位老师都能学习、创新教学方法，进而改革学校教学，整体提升教学质量，形成学校的教学特色。这正如饭店的老板，总是希望店里的厨师能够坚守好的烹饪技术，能创新烹饪技术，突出饭店的特色，增强饭店的活力，提高饭菜质量，吸引广大顾客，获得更大的经济效益。

如果任由教师自主学习与创新，教师就可能自主，也可能不自主。由于教师是否自主学习与创新，也难以监测。往往教师自主学习与创新只是形式，只是虚无，只是教育专家与教育管理者的一种愿望。

为了避免教师学习与创新教学方法流于形式，成为虚无，学校常从顶层设计着手，根据学校的办学理念，建构新的教学方法（模式），统一推行教学方法，督促教师在这种方式中，转变教学理念，掌握新的教学方式。

可面对学校统一推行教法的措施，许多教师常以教无定法、教学不能模式化为

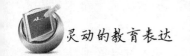

理由来抵制。

形成这样的局面，可能是教师没理解学校统一推行教学方法的意义，可能是教师不愿学习、创新，也可能是其他原由。

让教师学习、创新教学方法，是一个难题，却是一个不得不解答的难题，也是一个没有最终答案的难题。

教学，是我们最熟习不过的事，可要追问教学到底是怎么一回事，往往又迷茫。

其实，抓住了教学方法，就理解了教学。教学就是通过教学方法，把教学素材转化成学生成长的动力。

听课，评课

大地上，各种职业混存。

尽管许多人认为听课者、评课者可有可无，甚至事实上他们也可有可无。

可我还是不知不觉成了一名听课者、评课者。

从此，我虚着心，慎着言，如履薄冰，如行刀刃，只为做一个略有价值的听课者、评课者。

老师的课，是老师对教学的理解，即使老师的教学是错误的教学。

我的评价，是我对老师的课的理解，即使我的评价看起来驴唇不对马嘴，大大出乎听众的预料。

任何教学都是理解的表达，任何评课也是理解的表达。

如果能够理解不同的表达，教学者、评课者对教学就会有更深的理解。

这，可能是老师上课，我听课、评课的价值所在。

我静静地观察，努力地思考，挑战自己有限的心智。

我观课堂的精彩，也看课堂的缺陷。

我生成自己的教学思路，也升华自己的教学观点。

听课时，我不是一个专门的教学研究者，我只是一个学习者；听课时，我不是立在教室后头的那台摄像机，我是生长在沃土上的一株蓬勃的草。

我听课，我不动声色；我听课，我热烈地与教学对话。

我赋予了听课以灵魂。

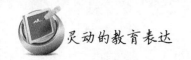

评课并不是评判，并不是一种观点强加给另一种观点。

评课是心灵的碰撞、情感的交流、相互的信任、各自思想的升华，评课是商讨、研究、鼓励、感谢！

评课时，我不习惯坐在讲台上，我一定要与上课老师并排而坐，或相对而坐；评课时，我心情平静，专注于梳理所观所想；评课时，我如上课老师亲密的同事。

公开课，是老师的智慧与思考。

自然课，是老师的习惯与态度。

听公开课，如看一幕戏，常会心而笑，轻松愉快，可戏非人生。

听自然课，如混在村寨。村寨朴实中带着无序与脏乱，常让我急不可耐、烦躁不安，甚至顿生逃离村寨的念想。

一堂课是局限的。

就一堂课而听教学，就一堂课而评价教学，也具有局限性。

突破一堂课，突破自我，老师的教学方可拥有更广阔的天空，儿童方可拥有更自由的成长；突破一堂课，突破自我，从所听的课看到老师其他的课，从我的观点看到老师的观点，及至他人的观点，我方可听到真实的课，我的评价方可诚实、科学、公正。

没有老师，就不可能有我这个听课者、评课者。

老师不上课，我就没地方听课。

没有老师倾听，我就无须评说，我的教学观点就无处表达。

听老师的课、评老师的课，是老师给我学习、思考、成长的机会。

欣赏老师的课，是一种幸运；表达自己的思想，是一种幸福。

对于上课的老师，对于听课、评课这个职业，我都心怀感恩。

课堂教学管理三问

任何事物的健康成长都需要管理。生机的菜园或一日的美味三餐，也是管理的结果。管理出效益，管理出品质。

课堂是学校教育的主阵地，课堂教学是学校教育的重中之重，需要管理。那么，管理课堂教学应管什么？学校管理了课堂教学吗？应怎样管理课堂教学？

课堂教学，一般是指发生在课堂内的教学活动。当然，课堂教学如果向两端延伸，还有许多的教学活动。如教师的备课、学生的预习、学生的作业、作业的批改、教师的专业学习与研究等。

课堂教学管理，是指管理课堂教学的所有活动，但以下所要谈及的课堂教学管理不涉及课堂以外的教学活动。

那么具体而言，管理课堂教学，应管什么？

管什么，就是要明确管理的内容。明确的管理内容，是管理的着力点，是管理实施的前提。

管理课堂教学，至少管理好以下四个主要方面：

一是师生的出勤。管理教师是否及时进入了课堂，是否到时才离开课堂；即管理学生是否做好了上课准备，是否及时进入了课堂等候上课。

二是课程计划的落实。管理甲教师应上的课，是否是甲教师在上；管理课堂上的教师是否按课表计划上课。如课表安排的是音乐课，是否在上音乐课。

三是教学的规范。管理教师的课堂教学是否体现了国家（或学校）所提出的教

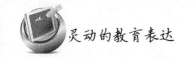

学理念，是否符合学校所制定的教学规范。

四是教学评价。管理教师的教学是否有利于学生全面、健康成长，如发现课堂教学中优秀的教法与存在的问题，并及时向教师推广优秀的教法，及时研讨、解决教学中出现的问题；采取适当的方式对所有课程的教学进行有效评价。

管理好了课堂，几乎就是办好了学。

但反观教学现实，学校真正、有效地管理课堂教学理了吗？

不能说学校没有管理课堂教学。但是，一般学校管理课堂教学，只做了这么三件事：

一是制定课表，给教师分配好教学任务。

二是安排值日（周）员，要求值日员每天（周）巡视课堂教学情况。

三是期末（或期中）对升学需要考试的科目进行考试。

其实，第一件事不属于本文所谈及的课堂教学管理的范畴。第二件事、第三件事是学校管理课堂教学的有力证据。

但是，在许多学校，值日员巡视课堂没有标准，巡视的内容太简单，巡视的核心——教师的教学过程被忽视，关注的只是课堂上有没有教师（到底应该是谁上课都很少关注），课堂上是否有意外发生（如学生瞌睡、耍小动作等），甚至值日只是计划或方案上的一个安排，并没有实际的巡视活动。

期末（或期中）考试，也并不是对所有开设课程的教学进行评价，而只对升学需要考试或上级要求考试的课程的教学进行评价。

这样的教学评价是被动的，并非学校依自己的教学理念主动安排的；这样的教学评价，不仅不能促进教师有效开展自己所担任的课程的教学，相反还会阻碍有些课程的教学（由于学校不评价某些课程的教学，教师就常常把这些课程的教学改成需要考试的课程的教学）；这样的教学评价，不仅不能促进国家（或学校）教学理念的落实，相反还会让学校的课堂教学走在错误的道路上。

所以，从这样的角度看，一般的学校几乎没有真正管理课堂教学。

课堂教学没有管理，教师的课堂教学也就成了想当然的教学、随意的教学、低效的教学、没品质的教学，甚至是伤害学生身心健康的教学；教师也就没有认真教学的态度、遵循规范的意识、改进教学的实践，教师的专业水平也难以得到提高。

有些教师教了几十年，教学还难以合格，根本原因就是课堂教学缺乏有效管理。

怎么管，是探求管理的方式。

抓住了恰当的管理方式，管理才可有效实施。

管理课堂教学，应从以下三个方面入手。

一是要制定课堂教学规范。师生按时进入课堂、教师按课表计划上课、到了期末（或期中）组织学生考试是规范。但这里说的规范，更重要的是指课堂教学过程中的规范，就是说学校要依据国家（或学校）的教学理念制定学校的课堂教学规范。

规范，也可以说是模式。说到依模式教学，许多人会以"教无定法"这句话来反驳，其实他们忘了这句话的前一半：教学有法，认为教师有各自的个性与经验，课堂教学不应有规范。

其实，规范是教学理念的体现，有了规范，教学理念才可从无形变成有形，才有实践的价值。规范是有效开展课堂教学的保证，有了规范，教师的课堂教学才有章可循，才不会想当然，不会随意。规范是管理课堂教学的前提，有了规范，课堂教学管理才有依据，才有方向，才不会流于形式。

当然，课堂教学规范，只可能是基本的要求，教学管理者不能僵化规范，不能刻板地运用规范。制定课堂教学规范，是为了促进教师规范、有效地教学，提高教学品质，而不是要捆住教师的手脚。

二是要依规范巡课。师生是否按时进入了课堂，教师是否按课表计划上课是巡课的重要内容。但巡视更重要的是要看课堂教学过程，要看教师的教学是否体现学校的教学理念，是否符合学校制定的课堂教学规范。

三是及时、全面、有效评价课堂教学。一要评价教学过程，即依规巡视，对教师的课堂教学做出判断，及时发现、推广好的课堂教学方法，及时发现、解决课堂教学中的问题；二要评价教学成效，即学校在期末（或期中）以比赛、考查、考试等方式对所开设的课程的教学进行评价。

及时、全面、有效评价所开设的课程的教学，是办素质教育思想的体现，是尊重每门课程的教学的体现，也是教师依规、有效开展课堂教学的保障。

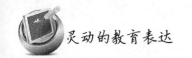

以上所提出的课堂教学管理方式，只是一些条框，仅按简单的条框管理教学，很难有好的成效。任何管理都是一项很复杂的工作，影响有效管理的因素有很多。课堂教学管理要出成效，还应关注以下各种因素。

按以上方式管理课堂教学，其根本的出发点是要让课堂教学促进学生的全面健康发展，是要办素质教育，它与办应试教育的管理模式有根本的不同。这说明，教学管理者，特别是校长要有办素质教育的思想。

如果办学只是为了让学生应试，学校即使按以上方式管理了课堂教学，其管理也只可能是形式。如课表上按课程计划开设了课程，课堂里教学的却不是课表上的课程。如文件、方案中写上了课堂教学规范，可这些规范只是应付检查或汇报给他人听的材料，教师的课堂教学并无半点规范。如学校安排了巡课的值日员，可值日员走过教学楼，只是到此一游而已。

按以上方式管理课堂教学，教学管理者要能知道课堂上教的是什么、教得怎样，也就是说，对教师的课堂教学要能做出正确的评判。这需要教学管理者有较高的专业水平，并能完全领会学校的办学思想。

按以上方式管理课堂教学，全面、准确而又不太费精力地掌握课堂教学的真实信息是基础。这需要学校能引进、运用先进的信息技术，如监控、大数据处理等。

按以上方式管理课堂教学，就是要以规范、制度去管制教师，要处理不符合要求、不利于学生全面健康成长的教学。这就要求人事管理体制要有所改革，学校要有权力对不愿、不能开展合格教学的教师进行处置。

按以上方式管理课堂教学，就是要全面、深入地观察教师的课堂教学，准确分析、评判教师的课堂教学。这是一项艰苦的工作，这需要教学管理者能坚守心中的办学理想，有奉献精神与顽强的工作意志。

是谁？从哪里来？到哪里去？

——以教学《平方差公式》为例

这三问，是人生的终极之问。厘清了这三问，人就会成为智者，人的一生就会功德圆满。

这三问，也是教学之问。厘清了这三问，教师就可以准确把握教材，就可能选择或创新出恰当的教学方法，保障教学走在正确、有效的道路上。

下面以研读数学教材为例，看如何通过探究这三问来准确把握教材，明确教法。

是谁？

追问是谁，就是问教材内容是什么，回答教学的是什么。

《平方差公式》是湖南出版社出版的义务教育教科书七年级下册第2章《整式的乘法》的一节内容。除了《平方差公式》，《整式的乘法》这一章还讲了各种类型的整式相乘，如同底数的幂相乘、幂的乘方、积的乘方、单项式相乘、多项式相乘、完全平方公式等。

那么，教《平方差公式》，要教什么？有老师肯定会说，这还不知道？教学《平方差公式》，肯定就是教学一个公式——平方差公式。

这样认识，看似正确，但其实存在很大问题；这样认识，会把所学的知识孤立起来，好像学习平方差公式只是学习一个公式，与整式的乘法没有什么关系。依这样的认识安排，教学就可能是这样形式：一上课，教师就说，同学们今天我们来学习平方差公式，然后就在黑板上板书 $(a+1)(a-1)$、$(a+2)(a-2)$ 等的计算，从而得到

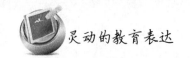
平方差公式（$a+b$）（$a-b$）=a^2-b^2，再然后就运用平方差公式计算例题与练习题。

这样的教学，是只为学习公式的教学，是灌输式的教学。产生这种教法的根源，是教师并没有准确把握所教的内容是什么。

其实，教学《平方差公式》，是继续教学整式的乘法，是教学一类特殊的整式相乘。平方差公式，它只是一类特殊多项式相乘的一个规律；归纳出这个规律，直接运用它进行相关整式的计算，可以更简便。

这样认知教学内容，教师就能整体把握教材内容，发现新旧知识间的联系，就能利用迁移、归纳等方法引导学生发现、学习新知。教师就可能这样安排教学：一上课，教师就说，上节课我们已学了多项式的乘法，今天我们继续学习多项式的乘法，先请同学们用已学知识独立解答下面一组习题。如计算（$a+1$）（$a-1$）、（$a+2$）（$a-2$）等。计算完成后，再由学生观察乘积式与其计算结果之间的关系，发现规律，总结出平方差公式（$a+b$）（$a-b$）=a^2-b^2。这样教学，学生的学习是自然的、轻松的。学生知道，学习这一节，只是探索一类特殊的多项式与多项式相乘而已，从而克服学习新知识的畏难情绪，增加学习新知识的热情与动力。

这种教法与前一种教法比较，尽管所选用的教学材料一样，但两种教法所体现的理念截然不同。后一种教法，把平方差公式的教学放在《整式的乘法》这个整体内，利用平方差公式计算是一类特殊整式的乘法，新知识只是树干上长出的新枝，并非一棵新树。这样的教学是启发式教学，是学生可以实现自主学习的教学。

从哪里来？

回答好了"是谁"，就知道了所学知识是哪个菜园子的菜，是一株什么菜。回答"从哪里来"，就要进一步探究这株菜是一粒怎样的种子生发的，也就是要回答新知识的生发点是什么。

任何知识都有生发点，有些知识的生发点是已学的旧知识，有些知识的生发点是现实的生活。一个知识的生发点，可能有多个，有些生发点是直接的，有些是间接的。知识的生发点，是教学的起点、出发点。从新知识的生发点出发，经历教师恰当地引导，学生才可能自主地学会新知识。

《平方差公式》这一节，直接的生发点是多项式的乘法。当然，间接的生发点还有同底数幂相乘、幂的乘方、积的乘方、单项式的乘法等。

明确了平方差公式的生发点，教学平方差公式，就可以这样安排：通过计算（$a+1$）（$a-1$）、（$a+2$）（$a-2$）等习题，学生回顾多项式的乘法运算，要运用观察、分析、归纳等方法得出所要学习的新知识——平方差公式。这样的教学，能让学生明确，平方差公式只是一类特殊多项式的乘法的规律，利用平方差公式计算，是简便计算多项式相乘。有这样的理解，学生即使忘记了平方差公式，也会用多项式乘法推导出平方差公式，学生即使不会运用平方差公式，也能利用多项式相乘计算出（$a+1$）（$a-1$）类型习题的结果。

但许多教师教学平方差公式，并不知道它是从哪里来的。有些教师教学平方差公式，认为就是教学一个公式，把平方差公式独立于整式乘法之外，教学就从推导公式、讲解公式、记忆公式，割裂新旧知识之间的联系，把树杆上的树干变成一棵崭新的树，增加学习的难度。有些教师还把同底数幂相乘、幂的乘方、积的乘方、单项式的乘法等统统作为平方差公式的生发点；教学时，把这些旧知识都复习一遍，眉毛胡子一把抓，模糊学生对新旧知识的联系，冲淡学生对平方差公式只是一类特殊多项式相乘的规律的理解，增加学习难度，降低学习效率。

到哪里去？

追问到哪里去，就是要明确回答教学新知识的目标。明确去哪里，这个"哪里"不能只是模糊的"那个地方"，而要具体，这个"哪里"要有明确的方位与参照物等。

如教学平方差公式，就要引导学生理解用平方差公式计算就是进行特殊类型多项式的简洁计算；帮助学生理解、记忆这个公式的形式，明确这个公式所适用的是哪类多项式相乘；能运用公式进行相关多项式相乘的计算。

这样认知，《平方差公式》的教学就大致可以分为这么三步：一是从多项式相乘出发，归纳出平方差公式，强调这个公式只是一类特殊多项式相乘的一个规律，强调它所适应的是哪类多项式。二是为了理解、记忆、运用这个公式，教师设计出不同类型的习题对学生进行训练，如计算（$4a+b$）（$4a-b$）、（$x+y$）（$x-y$）、（$a+b+c$）（$a+b-c$）等。三是通过（$4a+b$）（$4b-a$）这类习题的计算，让学生辨别平方差公式的适用范围。

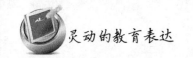
如果不明确自己到底要到哪里去，学习平方差公式，教师就可能把平方差公式仅仅当成一个公式来教，割裂它与多项式相乘的联系，当学生一时忘记了平方差公式，就不会计算（$a+1$）（$a-1$）等；教师就可能自己推导出平方差公式，就认为学生也理解、记住了这个公式；教师就可能认为只要学生记住了平方差公式，就能正确运用它，而不强调它适用的范围，造成学生一遇到（$4a+b$）（$4b-a$）等题型，也直接运用平方差公式计算。

知道自己要到哪里去，我们才可能有正确的前进方向，才可能找到科学、合理的行进路径。

知道自己要到哪里去，我们走在路上，才可能知道自己现在所处的位置、自己离目标还有多远，才可能改进前进的方式，尽快尽好地达到我们的目的。

你至少要这样

你可能刚大学毕业，也可能已在社会上混迹了多年，也许是热爱，也许是被逼无奈，你选择做教师。

你问我，要怎样才能顺利通过教师招聘面试。

我知道，尽管"教育"这个词从没离开过你我的左右，但对于课堂教学，你是新手，更是生手，你并不知晓课堂教学为何物。

教师招聘面试要求你上一节无学生的微型课或一个教学片断，你需要展示的是开展课堂教学的基本素养与能力。

课堂教学是技术，也是艺术。做好它，不是一时之事，往往需要一个人一生的修炼。怎么开展课堂教学，不是某句话、某篇文章、某个人，甚至某个时代可以述说清楚、述说完全的。你刚从大学毕业，甚至已做其他工作多年，跟你说教学，不能多，也不能深，我只想告诉你，你要想顺利通过教师招聘面试，至少要这样：

像准备任何一场招聘面试一样，你至少要衣着端庄整洁，不要想做老师却一身歌女的服饰，不要一抬手露出了这儿，一提腰又露出了那儿；你至少要像面向学生一样面向评委，不要站在讲台上就低着头，或始终面对黑板讲些不知道讲给谁听的话；你至少要声音洪亮，如果讲课的声音柔弱无力，你讲得再好，评委也不知道你讲的是什么；你至少要从容，不要站在讲台上就浑身发抖，全身是汗，语无伦次。

这些"至少"是做教师的基本素养或者底线，但做到这些"至少"并不等于说你有很强的教学表现力。但要做到这些"至少"，也不容易。做到这些"至少"，

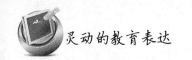

是你多少年所受教育或多年人生历练的表现。如果你还做不好这些"至少",那你在应聘之前必须强化训练提升这些基本素养与技能。

课堂教学还必须展示你的学科专业素养,要顺利通过教师招聘面试,你至少还要这样:

至少要知道教的是什么。也就是说,你要读懂所教知识是什么意思,要读懂教材表达知识或解决问题的方式。如一考生教 $4xy \cdot (-3xy^2)$,说单项式相乘,就是相同字母跟相同字母相乘($x \cdot x$,$y \cdot y^2$),不相同字母相乘 $[4 \times (-3)]$。考生这样说,就是不知道所教知识是什么。其实 $x \cdot x$,$y \cdot y^2$ 是同底数幂相乘,$4 \times (-3)$ 是系数相乘,单项式乘单项式,是单项式的系数相乘,同底数幂相乘。又如,一考生教平行线的判定:内错角相等,两直线平行,他这样教:

同学们,看图:

因为∠1=∠2,

又因为∠2+∠3=180°,

∠3+∠4=180°,

所以∠2=∠4,

所以∠1=∠4(内错角相等,两直线平行)。

这样教学,谁知道他在讲什么。他知道"内错角相等,两直线平行"的含义吗?知道这是一个命题吗?知道这个命题包含一个条件与结论吗?他知道这个问题的条件是什么,需要探求一个什么结论吗?如果这些都不知道,教师的教学还可以称为教学吗?

至少你要知道所教知识是怎么来的。也就是说,教学时,你不能生硬地把知识塞给学生,而要告诉学生知识是怎么生成的。如一考生以 $2x \cdot (3 \times 2 - x - 5)$ 为例教单项式乘多项式,他说单项式乘多项式,就可以这样计算:$2x \cdot (3 \times 2 - x - 5)$ $= 2x \cdot 3 \times 2 + 2x \cdot (-x) + 2x \cdot (-5)$。可为什么能这样计算呢?教师没讲,通过例题只是告诉了学生单项式乘多项式是用单项式乘以多项式的每一项。而教学单项式乘多项式的关键就是要引导学生理解这样计算的理由。是由于有乘法对加法的分配律,计算 $2x \cdot (3 \times 2 - x - 5)$ 才可以用 $2x$ 乘以多项式中($3 \times 2 - x - 5$)的每一项。

至少你要能清楚地表达你的教学。首先，你要能把自己对知识的理解与问题解决的思路逻辑地表达出来，你的表达，他人一听或一看就要能清晰地理解。一个考生教"$a \perp l$，$b \perp l$，$a /\!/ b$吗"，他先在黑板的下方板书$a \perp l$，$\angle 1=90°$，再从$a \perp l$的上方板书$b \perp l$，$\angle 2=90°$，然后在右边写上同位角相等的结论。

$\angle 2=90°$

$b \perp l$

$a \perp l$　　　　　　　同位角相等

$\angle 1=90°$

所以 $a /\!/ b$

这样的讲解，逻辑混乱。在这样的教学中，学生肯定难以理解教师所教的知识，难以学会解答此类问题的方式。课后，我提问考生，考生还说，我是按我的思路讲的，只是板书时随意了，没注意顺序。

其次，你要有格式地板书知识的形成、问题的解答过程。如一考生教完全平方公式，计算$(a+1)^2$时，这样板书：

$(a+1)^2 \rightarrow (a+1)(a+1)$

$\rightarrow (a^2+a+a+1^2)$

$\rightarrow a^2+2a+1$

而接着计算$(a-1)^2$时，却板书成$(a-1)^2=(a-1)(a-1)=(a^2-a-a+12)=a^2-2a+1$

教学同类知识，一时板书成这样，一时又板书成那样，学生必定会不知所措，难以清晰地理解所学的知识与解决问题的方法。

知识的呈现、问题的解决有一定的思路，思路的表达有一定的逻辑，逻辑的呈现有一定的格式，特别是数、理、化等理科的教学，格式是思维的呈现方式，也是学习知识、解决问题的方式。如果你的表达没有逻辑，板书没有格式，那你的教学就难有成效。

至少你要知道照本宣科。教材是教师教、学生学的材料，教材也包含了教师教的方法与学生学的方法。照本宣科是一种教法，它在一定程度上就是再现教材包含的教学方法，尽管它并不是一种切合学生实际的好教法，但运用它教学比想当然地

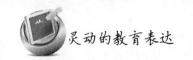

教学要好得多。教法有很多，对于你来说，全面了解不同的教法很难。自己没有掌握好的教学方法，又想通过教师招聘面试，照本宣科地教不失为一个稳妥的办法。

做到了以上这些"至少"，可以保证你的教学是正确的，学生在你的教学之下，能够理解所教知识，能够学会解决问题的方法，说明你具有了基本的学科教学素养与能力。

但是，做到以上这些"至少"，你的成绩还只可能达到中等，你还不一定能顺利通过面试。你要想更出色，想取得更好的成绩，你至少还要在以下三个方面努力。

一是你要将讲台上的自己变成一个生动的个体。讲台上的你，不只是平常的你，而要像一个出色的演员。在讲台上，你要从容，要有恰当的笑容与肢体语言，要充满活力与亲和力，要美！生动的你，才有学生追随；生动的你，才可激发学生学习的热情；生动的你，才可教出易懂的知识。

二是你要将黑板当成一个即将建设的花园。黑板不是一张草稿纸，你可以随便在上面涂画；黑板也不是一间杂物间，你可以在里面无序地堆放东西。你要把黑板看成即将建设的花园，你是花园的设计师，学生与你是花园的建筑师，你对黑板要有整体规划，你与学生在黑板上书写的每一笔都应遵循你的规划、体现你的审美情趣。随着教学的进程，黑板要渐渐显现花园的模样。一节课结束，花园建成，这座花园要美、要大方、要能有益于学生理解所学知识。

三是你还要知道恰当地选择教学方法。许多考生一站在讲台上就讲概念是什么，法则是什么，就讲这个例题怎么解答。难道教学就是教师站在讲台上告诉学生这是什么，这个题怎么解答？不是，教学不是这样。我真不知道为什么几乎每一个还没有深入了解教学的人就认为教学就是这个样子。

教学有时是要告诉学生这是什么、这个题怎么解，但更多时候是要组织引导学生自己学习、探究这是什么、这个题怎么解。如果你知道教学不只是告诉学生这是什么、这个题怎么解，那你就还要知道什么情况下，教师应直接告诉学生这是什么、这个题怎么解；在什么情况下，教师又要组织学生自主地学习与探究这是什么、这个题怎么解；还要知道怎么告诉学生这是什么、这个题怎么解，怎么组织引导学生自主地学习与探究这是什么、这个题怎么解。

如果你知道教学不只是教师讲学生听，还知道怎样有效地讲、怎样有效地组织学生学，那你的教学肯定有特色、有深度，你的面试一定能以高分通过。

多样的教学形态，不同的教学价值

教学常由问题驱动，在一定程度上，教学就是教学生解决问题。教学生解决问题，必有一定的方法。专家讲的或书上写的教学方法，再详细，也显得简单、片面、抽象；只有在教学实践中，教学方法才多样、具体、生动。

教师的教学不只是教学方法的简单再现，而是教师个性、专业水平及学生学习状态等各种因素的综合，呈现着丰富多彩的形态。

已知，线段 $AB = 1.8$cm，延长 AB 至点 C，使得 $BC = 3AB$，D 为 BC 的中点，则 B、D 两点间的距离是多少？

这是一个简单不过的习题，下面就以这个简单习题的教学为例，再现教师教学的不同形态，期待读到这篇短文的老师能体味这些教学形态中所包含的不同效果与价值，从而拥有更好的教学。

形态一：教师直接解答。这种教学形态就是教师直接告诉学生这个习题的解法，表现为教师出示这个习题后，接着自己念一遍题，然后自己在黑板上板书这个习题的解答过程。

由于 $AB = 1.8$cm，$BC = 3AB$

所以 $BC = 3AB = 3 \times 1.8 = 5.4$

又 D 为 BC 的中点

所以 $BD = BC \div 2 = 5.4 \div 2 = 2.8$（cm）

形态二：先分析再解答。这种教学形态包括两个教学环节：一是分析，二是解答，

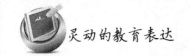

这两个环节又各有多种不同方式。

分析习题，就是根据习题给出的已知条件寻找解题思路。这个题的解题思路可有多种，如从已知条件 AB＝1.8cm 入手，探索 BC 等于多少；再到 BD 等于多少，也可以从未知入手，即设 BD 等于 x，则 BC 等于 $2x$，而 BC＝3AB，则 $2x＝3×1.8$，从而求出 x，即求出 BD。

这里不从解题思路来谈分析的方法，而从师生教与学的形式来看分析的方法，这么看，分析这个习题就有以下几种不同方式：

一是教师直接分析。表现为教师出示习题后，自己就分析：请同学们看题，因为线段 AB＝1.8cm，BC＝3AB，我们就可以求出 BC，求出了 BC，而 D 为 BC 的中点，我们则可以求出 B、D 两点间的距离。

二是教师与全体学生一问一答地分析。表现为教师出示习题后，就提问全体学生：同学们，请看题，题中告诉了我们 AB 等于多少？学生齐声附和：AB 等于 1.8cm。教师又问：从题中所给出的已知条件，能计算出 BC 等于多少吗？学生又齐声附和：知道，BC 等于 5.4cm。教师又问：而 D 为 BC 的中点，现在能计算出 B、D 间的距离吗？学生又齐声附和：能够计算出来。

三是几乎与第二种方式基本一致，只是把全体学生齐声附和改成教师提问后，点名个别学生回答，其余学生看教师与被点名的学生进行一问一答。

四是教师直接点名学生来分析，教师再适当点拨。表现为教师出示习题后，就点名个别学生，说"某某，请你来分析一下这个习题应怎么解答，其他学生看着这个学生分析"。

五是先让全体学生思考，再点个别学生来分析，学生分析时，教师适当点拨。表现为教师出示习题，就跟全体学生说：现在请大家再看一遍题目，思考一下，想想这个题怎么解；学生思考一段时间后，教师再点名个别学生来分析。

六是先让全体学生思考这个习题怎么解答，学生思考一段时间后，教师自己再分析这个习题的解题思路。

分析之后是解答，解答是板书习题的解答过程。常见的解答方式又有以下几种方式。

一是分析之后，教师在黑板上独自板书解答过程，学生默不作声地看着教师板书解答过程。

二是分析之后，教师在黑板上解答，不过，解答时教师还不断引导或提问学生。如：教师边板书边说 AB 等于……，学生齐声附和：等于 1.8cm。

三是分析之后，教师点名个别学生上台演示，其余学生看着这个板演的学生板书解题过程。

四是不同于第三种方式，个别学生上台扮演时，其余学生不是看着这个扮演的学生板书解题过程，而是同时在台下解答习题。

五是分析之后，教师要求全体学生解答习题，教师站在讲台上不动，学生解答完后，教师再点个别学生到黑板上展示其解法。

六是分析之后，教师要求全体学生解答习题，教师巡视，学生解答完后，教师讲解学生解答过程中存在的问题，也可能让解答得好或解答中存在问题的学生上台展示。

分析、解答，除了以上所列举的方式，可能还存在其他方式，但即使从所列举的方式看，不同的分析与解答一组合，分析解答型教学就会形成 36 种不同的方式。

如第一种分析方式与第二种解答方式一组合就会形成以下的教学形态：

教师出示习题——教师分析解题思路——教师板书解题过程，板书时不断引导或提问学生。

如第五种分析方式与第六种解答方式一组合就会形成以下的教学形态：

教师出示习题——全体学生自主思考分析——教师点名个别学生分析解题思路——全体学生解答习题，教师巡视——学生代表在黑板上板书解题过程——教师评价讲解学生的解答情况。

形态三：先尝试再完善。表现为学生先尝试分析解答习题，师生再一起完善习题的解答方法。这种教学形态常有两种不同类型的表现。

一是教师出示习题，全体学生自主分析解答习题（常有两种方式，一是个别学生上台板演，其余学生在台下解答；另一种是全体学生在台下解答），教师再针对学生的解答进行评价、点拨与完善。

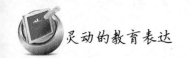

二是教师把所要解答的习题转化成一组习题，给学生一条隐性的、正确的解题思路，做好铺垫，化解难度，全体学生通过自主分析解答这一组习题，探索出这个习题的解法，教师再针对学生的解答进行评价、点拨与完善。如建构如下一组习题。

1.已知线段 AB = 18cm，C 为 AB 的中点，则 BC 等于多少？

2.线段 AB = 3.2cm，延长 AB 至点 C，使得 AC = 4AB，则 BC 等于多少？

3.如图，线段 AB = 1.8cm，延长 AB 至点 C，使得 BC = 3AB，D 为 BC 的中点，则 B、D 两点间的距离是多少？

形态四：依稳定的流程教学。稳定的流程由一些环节构成，也可称为模式。具体而言，教学流程一般表现为：学生自主解答习题，小组内交流讨论习题的解法，各小组确定代表展示本组的解答方式，最后师生共同对各组的展示进行评价、质疑、补充，形成最后的解答方法，内化知识，发展思维。在这样的教学中，教师主要组织学生开展学习活动，学生在活动中完成学习。依流程教学常又有两种不同的表现。

一是学生自主解答习题，小组内交流讨论题的解法，各小组把本组的解答展示在本组所固有的展示区域上（有些教室四面装上黑板，就是这个用途），最后教师或学生（小老师）主持逐个对各组的展示进行评价、质疑、补充。

二是学生自主解答习题，小组内交流讨论题的解法，教师点名个别小组的代表展示本组的解答方式（小组没有固定的展示区域，个别小组在讲台上展示），最后由教师或学生（小老师）主持对小组的展示进行评价、质疑、补充。

一个简单习题的教学，就有这么多不同的形态。这些不同的教学是否都一样有效？都一样有利于学生的健康发展？显然，不同的教学会产生不同的教学效果，对学生的健康发展有不同的促进。

如教师直接讲解的教学，所用的教学时间少，全体学生会在最短的时间内知道这道习题的解法，教学具有统一性，教师易掌控教学过程，易完成教学任务，但在这样的教学中，学生是跟随教师学习，没经历一个自主的探索过程，没亲历习题的解法，只是听教师或看教师讲解，学生往往能听懂教师的讲解，却不会独立解答习题。

如依先尝试再解答的方式教学，所用的教学时间多，学生尝试解题的进度难以统一，但学生亲历了分析、解答的过程，能够真切地理解掌握这类习题的解题思路与方法。

如依稳定的流程教学，所用的时间多，学习活动的进度难以统一，教师也难以掌控教学过程，但在这样的教学中，学生除了亲历分析、解答习题的过程，真切地理解知识与方法外，还可以在稳定的教学流程中学会学习的方法，提高自主、合作、探索的能力。可以说，依稳定的流程教学这个习题，目标不只是帮助学生掌握这个习题的解法，更重要的是要在自主、合作、交流中培养学生情感、意志与能力。

有些教法一定比另一些教法更有效，更有价值，但到底哪一种教学更有效、更有价值，他人不可简单、武断地下结论。教法的效果与价值，得由教师自己去体会，只有教师有深刻的体会，才可真正理解哪种教学更有效、更有价值，才可能改革自己的教学，创新出更有效、更有价值的教学。

尽管老师各有认可的教学形态，不过，对于教学，我还是想在这里表达我的教学主张。

我认为教师不照本宣科，能够重组教学材料与流程，形成自己的教学思路，能带给学生新鲜感、趣味性的教学是更有效、更有价值的教学。

我认为教师能全身心投入教学，有生动的肢体语言与表情，学生能专注于学习，能动手、动口、动脑，能保障全体学生参与教学活动的教学是更有效、更有价值的教学。

我认为学生能在教师的讲授之先进行尝试，自主了解知识与解决问题，能在尝试中体会成功与不足，获得自信与进一步学习的渴望，能够唤醒学生的经验与思维的教学是更有效、更有价值的教学。

我认为教师不始终站在讲台上讲授，师生能平等合作完成学习，师生的教与学充满活力，师生都能感叹这节课过得真快，都盼着下节课快点到来的教学是更有效、更有价值的教学。

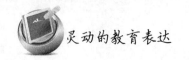

追寻好的课堂教学

美的教学、有真爱的教学、有效的教学是好的课堂教学。

追寻好的课堂教学,要经历"学习榜样、自我追问、不断修正、勇于改革、回归本质"这样一个过程。

学习榜样。榜样,是值得学习的人和事。教育理论告诉我们教学是什么,为什么要教,应该怎样教,教学榜样给我们呈现的是看得见、可参照、具体的教学方式。

初次走上讲台,教师尽管没依特定的榜样教学,但他的教学一定有他曾经的老师教学的样子。追寻好的课堂教学,是以好的课堂教学为榜样不断完善自己的教学,是让自己的教学向好的课堂教学靠拢,是期待自己的教学成为好的课堂教学。

榜样,是教师学习教学的脚手架。学习榜样,是追寻好的课堂教学的第一步。

以好的课堂教学为榜样,就是要以好的教法、好的学法、好的教师为榜样。

学习榜样,我们要走进老师的课堂。走进老师的课堂,我们一定能看到闪烁着光芒的教学。光芒,不是来自问题情境设计、精彩的教学活动组织、智慧的师生交流,就是来自学生成功的自主学习,来自于学生对知识的深刻理解,来自于超乎你想象的表达。

学习榜样,就是要学习闪着光芒的、具体的教学思想与实践。这种学习不是空洞的,不是喊口号,而是要像榜样一样开展具体的教学实践。

学习榜样,首先,要有宽广的胸怀,要尊敬他人,对自己与他人的教学要始终怀着虔诚的学习之心。面对他人的教学，要了解，要分析，而不要生轻蔑之心，不要粗暴地说他人的教学没什么了不起。其次，要有智慧的眼，要能在纷繁的教学实践中分辨出什么是好的教学，什么是不够好的教学。对于好的教学，要学习；对于不够好的教学，要引以为戒，并以此优化自我。最后，要提高自己学习榜样的能力。

学习榜样，并不只是知道榜样是什么，而必须经历理解、内化、实践的过程。学习榜样，最重要的是实践，是理解、内化之后的实践优化。

以好的课堂教学为榜样，我们不是要走在榜样的路上，而是要始终走在自己的路上。我们不是要成为像他人一样的榜样，而是要成为像自己的榜样。

自我追问。仅以榜样为标准开展教学，教师的教学常会陷于刻板的境地。

教师必须时刻探索，在探索中做出判断、创新，选择与优化教学方法，保障教学始终走在正确的道路上。

探索的方式很多，追问，是其中之一。追问，就是追根究底。

追问教学，就是要追问教的是什么，为什么要这样教。具体而言，课前，不要只是等待、抄写教案，而要问自己：我教的是什么？学情怎样？教学目标是什么？我应采用什么方式教学？课堂上，不要只是生硬地执行教学预设，而要问自己：我还能按教学预设继续教学吗？要怎样修正教学流程才能使自己的教学更符合学情？下课铃声，也不是一节课的句号。走出教室，教师还要问自己：这节课教得怎样？学生学得怎样？要怎样修正，教学才更有效？

追问，是教师步入自主教学的起点，是教学的第一步，是追寻好的课堂教学的必经之路。

教学的形式总是多样的，教学的过程充满变数，生动是教学的基本特征。有了再多不同的追问，也无法穷尽我们对教学的追问。

追问，是质疑，但追问不是怀疑一切，不是胡思乱想。追问是拨开迷雾见蓝天，是为了寻得好的课堂教学。追问教学是教师教学能力的体现，它也有章可循。

追问教学，首先要破除迷信，打破常规。不要认为领导说的、专家说、书本说的就是真理，不要认为按习惯的思想、习惯的方法教学就合理，对任何一种学说、

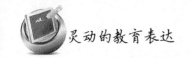

一种习惯都要怀着谨慎的心，要理性去观察、分析它们，形成自己的认知。其次要掌握追问的基本方法。是什么，为什么，怎样做，是追问的基本路径。如对待一个教学内容，我们就可以按这样的流程追问：这个教学内容是什么？学生知道多少？学生学习它的目的是什么？应采用怎样的方法教？学生应采用怎样的方法学？再次要以教学实践落实追问的价值。追问不是为了追问，追问的根本目的是要理解教学、改革教学，是要通过追问认清教学各要素的真实面貌、选择最优的教学方法、达成最好的教学效果。

有了追问，教师的课堂教学才会少些随意，少些不顾学生，少些盲目，少些文不对题。有了追问，教师的课堂教学才能避免缺陷，脱去幼稚，走向成熟，成为好的课堂教学。

不断修正。一个老师，第一节课教得很有成效，再以同样的方法教第二节课，却不一定还有同样的好成效；一个老师，理解了新理念，掌握了好方法，甚至名扬四海，得到大家公认，他的课堂教学也不一定十全十美，也不一定一直是好的课堂教学。任何教师的课堂教学，都可能存在不足。

教师的课堂教学需要修正。

具体而言，时代是发展的，教育要面向未来，教师的教学理念需要修正；面对不同的学生与教学情境，教学内容（教学目标、教学情境、所授知识的难易）需要修正；课堂教学，是一个教与学不断碰撞、不断生成的过程，这种碰撞与生成，注定不可能完美，注定有待修正；同样，不同的内容、变化的情境对应着不同的学习方式，学生的学习方式也要相应修正。

修正，就是改正，修改使之正确。修正教学，是一个以教学实际为依据，在深入追问之后，精益求精，寻求最佳教学方案的过程，是追寻好的课堂教学的必经之路。

教师要敬畏课堂，要小心谨慎地对待每一堂课的教学，对待每一个细小的教学环节，千万不要有骄慢之心，不要随便对待教学。

好的课堂教学必是不断修正的结果。

要有效修正教学，首先要明确修正教学的指导思想。也就是说要明确修正教学的方向与目标，要知道应把不够完善的教学修正成什么样的教学。修正教学，要以新课程理念为指导，要以学生全面健康成长为根本目标。其次要以榜样、追问为前提。也就是说通过学习榜样，掌握各种不同的教学思想与方法，通过追问，发现问题，明确有待修正的对象。最后要有修正教学的实践。也就是说要把自己认为正确的观点与方法运用于教学实践中，使存在问题的教学得以修正，使自己的教学更有成效。

简而言之，修正教学，就是让新的教学理念与方法落实在教学中，就是改进即时生成的教学实践，就是在追问现成的教学思想、方法、实践后，创造新的教学思想、方法与实践。

课堂教学没有最好，只有更好。不断修正教学，方可求得更好的课堂教学。追求好的课堂教学，是一条没有尽头的路。

勇于改革。教育必像一个奔跑者，必始终保持与时俱进、面向未来的姿态。

新的时代，会形成新的教育理念。教师要掌握教育新理念，并把教育新理念转化为教学实践，需要一条途径。这条途径不是对陈旧教学的修正，而是对其进行改革。

改革课堂教学是针对教学实际的变革，不是领导发号召、下达文件，不是专家做教育理论讲座，也不是教师生搬硬套地模仿别人总结出来的好方法。改革课堂教学，需要在教育新理念的指导下，革除旧弊，创新方法，促进学生全面健康发展。它是一条探索落实教育新理念的实践之路，是追寻好的课堂教学的创新之路。

改革课堂教学，教师要能理解新的教学理念，正确认知改革；教师要能看到旧的教学思想与方法的弊端，创新教学方法。同时，改革课堂教学，不只是个别教师的行为，也不可能是自由的生长，改革课堂教学需要教育管理者的有效管理。

改革课堂教学，并没有规定的、唯一的思想与路径，需要的是教师更丰富的观点，更广泛的实践。

改革课堂教学，是学习、追问、修正教学后的根本变革。教师必经历一个学习、模仿、创新的过程。这是一件很难的事。为了更积极地、更有效地参与改革之中，我们应简单地理解课堂教学改革。

如果更简单地理解，课堂教学改革就是准确理解、把握教与学的方式，就是尊

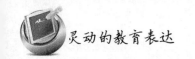

重学生的学习，就是根据学生学的需要选择方式教，就是指导学生选用恰当的方式学，就是根据时代的发展、国家对教学提出的新要求、新的教学理念以及学生个体生命的需要，创新教学方式。

如果教学只有形式，没有实效，这种形式的教学需要改革；如果需同伴合作才可完成的学习，却让学生独自学习，本该让学生独立完成的学习，教师却不厌其烦地讲授，这种错位的教学需要改革；如果学生能够很好地运用某种方式学习，教师却不放心，自以为是地要求学生用另一种方式学习，这种不尊重学生学习的教学需要改革；如果时代发展了，国家提出了不同的人才要求，教师却还是运用传统的、无法达成新的要求的方式教学，这种不能与时俱进的教学需要改革。

改革是创新。但创新了一种教学方式，还不能说是改革了课堂教学。新的方式，只有恰当地运用于课堂教学中，才成为改革。不问是否恰当，武断地用一种方式代替另一种方式，不是改革教学，而正是需要改革的教学。

改革，会产生新的课堂教学，但新的课堂教学不一定是好的课堂教学。只有落实了教育新理念，学生的学习卓有成效，新的课堂教学，才是好的课堂教学。

回归本质。教学是一世界。这个世界里，理念纷扰，方法繁多，现象杂乱。这个世界，也如人多、房多、车多的世界，满天的雾霾，掩盖了青青的山、盈盈的水与蓝蓝的天。

哪里是我们教学的出发点？我们也许想过这个问题，也许从没有；也许知道自己的出发点，也许从不知道自己从哪里来，为何一直走在教学的道上；也许自己教学，就是为了生存，且尽可能利用它获得更多利益，也许不是这样。

但是，不管你知道还是不知道，教学的本质在那里；你这样认识教学还是那样认知教学，教学的本质在那里；你这样教还是那样教，教学的本质还在那里。

学习、追问、修正与改革，更多的是在追寻好的教学方法，是在追寻教学之术。回归到教学的本质、把握着教学的本质，是寻求教学之道。

回归，是教师从术到道的跨越与升华。

但从教学本质出发的教学不多，心中有教学之道的教师也不多。回归教学的本质，掌握教学之道，不是一件易事。

如何才能回归到教学的本质呢？我们只有不断地学习、思考、提升自己的教学，站在山峰，才可能触及到高远之道；我们只有胸怀学生，以促进学生的生命成长为教学的根本理念，才可能有回归教学本质的高度责任感与顽强毅力；我们只有抛开世俗的困扰，透过纷扰的理念、繁多的方法、杂乱的现象，回过头，静下心，与浮躁告别，擦亮眼睛，凝视教学的深处，才可能看到教学的本质，把握教学之道。

把握了教学之道，从教学的本质出发，以学生的健康成长为目的，我们才可能求得好的课堂教学。

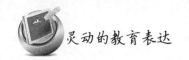

教师的一生，是为一堂课而准备的

做什么事，都需要准备。充分的准备，是有效做事、做好事的前提。一堂课的教学，要有好的效果，同样需要准备，我们常把这样的准备称为课前准备。

课前准备，好像很简单，好像就是研究教材、写好教案。其实不然，课前准备的内容丰富，方法多样，单就其主体不同，就有学校要做的准备，教师要做的准备，学生要做的准备。本文所谈及的课前准备，只局限于教师所要做的课前准备。

教师的课前准备主要包括以下两个方面：

一是要准备良好的教学素养。教师良好的教学素养，主要包括修养师德、积淀文化、掌握教学技能等三个方面。

师德，是一个教师的灵魂，具体表现为教师的职业道德规范，主要包括爱国守法、爱岗敬业、关爱学生、教书育人、为人师表、终身学习六个方面（《中小学教师职业道德规范（2013 年修订）》）。

修养师德不可能简单地通过学文件、听讲座获得。高尚师德的养成，必须经历一个学习、实践、反思，再学习、再实践、再反思的循环提升的过程。修养，是实践、理解、认同、内化，是一个慢的过程。反思，是修养师德的关键。如，教师偶尔一次发火，辱骂、体罚学生，可以理解、原谅。但事后，教师一定要反思，想一想，自己的所作所为是否符合师德规范？只有经过深刻的反思，教师的思想、情感与行为才可能得以修正，才可能达到规范的要求，师德才可能达到高尚。

过去，教师又称为先生，是文化人。文化，决定着一个人的厚度。认识几个字，并不一定懂得汉语；会做几个数学题，并不一定懂得数学。每一篇有价值的文学作品，总以深厚的文化为背景；每一个优秀教师，都被文化深深浸染过。教师要成为一个文化人，首先要认识到教学学科知识就是教文化。如教数学，就不只是教学生解题，而要理解数学是一种有一定法则的工具（计算、测量），数学是一种关系的变化、发展规律（函数、微积分），数学是一种思维方式。教历史，不能只是用几句话描述某个历史事件的过程与意义，而要带领学生走进那个历史时代，认知某个历史事件的必然性与意义。教一篇文章，不能只是解答好事先设计好的几个问题，而要引导学生从作者所处的时代来理解文章，哪个时代的作品就放在哪个时代的文化中学习，哪个国家的作品就放在哪个国家的文化中学习。其次要成为一个读书人。只读教材教辅，或只读消遣的报纸杂志，或只读电视微信，不可能成为文化人。教师至少要对儒、释、道的思想与处世哲学有所了解。至少要对教育的发展史、所出现过的主要思潮及发展趋势有所理解。至少要把握所教学科的发展史、体系、所蕴含的思想与方法。要成为文化人，教师爱读书、要读好书、要坚持读书。

掌握教学技能，是课前最重要的准备。教师提升教学技能，首先，要学习，要与时俱进地学习教育理论、教学方法与教育技术；其次，要实践，要在教学实践中运用、理解、反思、内化教学理念、方法与教育技术；最后，要创新，要善于总结提升自己的教学经验，在丰富经验的基础上，创新教学理念与方法，并在实践中检验与提升。

二是准备教学方式。开始一堂课的教学，教师需要准备好教学的方式。准备教学方式主要包括确定教学目标、把握教学内容、了解学生实际、选用教学方法、优化教学风貌、从容等候上课等。

把握教学内容，教师要做好以下两个方面的准备：首先，要反复阅读教材，把握教材的内涵与编者的意图。如现在的小学数学教材，常以卡通人物的形式出示教学内容，暗示了教师要引导学生联系实际生活，以合作的方式来学习。但某些教师认为这样的编写，只是出示知识的形式发生了变化，教学时，忽视这些卡通人物的生活场景与对话，只是把教材所包含的知识讲清楚了事，这就是没读懂教材的表现。其次，要系统地阅读、理解整个学段的教材，把握所教内容的内涵与外延。如"角"的学习，小学二年级就开始学了（角与直角的初步认识），初中七年级还要学，那么，教四年级的《角的度量》（直线、射线、线段与角的记法与度量）时，教师就要知

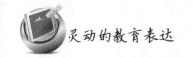

道这节课的内涵是什么，它在整个"角"的学习过程中，处于什么地位，它是在什么基础上学习的，学习它对以后的学习起什么作用。

确定教学目标，教师至少要做好以下三个方面的准备：首先，要常读、把握所教学科的课程标准；其次，要阅读、理解依课程标准编写的《教师教学用书》对这一节教材的解读；最后，要细致、透彻理解所教的内容。小学语文教学要求学生基本了解议论文的篇章结构特征与写作方法，小学语文教材安排了一组说理性课文，如《说勤奋》《滴水穿石的启示》《谈礼貌》《学与问》《学会合作》等，那么确定这些课文的教学目标时，就要既有联系，又有区别。《说勤奋》是学生初学议论文，教学目标可以确定为：①指导学生说故事，感受说理文叙事严谨的特点；②指导学生说话，用文中的句式进行语言实践；③指导学生说理，感知说理文的基本特点：说清道理，精选事例。前承四年级的《说勤奋》，后接五年级的《谈礼貌》，则可让学生从已有的知识经验入手，引导学生前后联系，对同类文本教材进行比较归整，学习作者"提出观点的智慧"。

了解学生实际，就是要了解班级学生的基本情况，例如学生的来源、班额的大少、学生是否寄宿等；就是要了解学生的学习情况，例如以往的学习成绩、思维能力与课堂学习习惯等；就是要了解学生的成长规律与情感变化。了解学生的实际，教师要做一个有心的人，随时收集学生的信息；要做一个随和的人，经常与学生打成一片，保持师生之间的交流畅通；要做一个有爱的人，让教师的真爱转化为学生对教师的充分信任与信赖。如果学生的思维能力与交流能力强，就运用探究方式组织教学；如果所教班级学生少，就运用合作方式组织教学；如果学生的基础差，就按基本要求组织教学；如果学生刚上完文体课，兴奋的劲头还没有过，就设置一个缓冲区，慢慢地引导学生进入新的教学情境。

确定一堂课的教学方法，教师的心中一定要有许多不同的教学方法，这需要教师敞开胸怀学习他人的教学方法。教师千万不要闭关自守，不要把自己的经验与教法，当成唯一的好教法，面对他人的教法时，不要简单地否定，而要冷静地观察、分析、思考，想想这种方法是什么、怎么运用、运用它有何意义等问题，要扬长避短，让任何一种教法都成为提高自己的教学能力的养料。确定一堂课的教学方法，一定要以学生的实际、教学内容、教学环境、教师个性为依据。如教函数的概念，就不宜采用学生自主学习的教学方式；学生的合作技巧与能力不强，就不宜运用合作教学方式；在一个光线不好的时刻或教室里，就不宜运用挂图教学；一个习惯于讲授式教学的老师，就不宜突然运用"引导—探究"式教学。

教师的教学风貌，主要包括教师外在的仪表与内在的精神风貌。良好的外在仪表主要体现在教师的衣着得体、大方、美观等，排斥邋遢、娇艳、伤风败俗等；良好的精神风貌主要体现在教师阳光（自信、激情）、沉稳、智慧、儒雅等，排斥阴沉、消极、怨恨、粗言痞语等。优化教学风貌，教师首先要认识到教师本身的容貌、言谈举止、精神状态就是一堂课的教学内容；其次要提高自己的教学水平，准确把握一堂课的教学思想、方法与流程，增强教学的自信心；最后要多读书，读好书，把自己修炼得沉稳、儒雅；最好要多总结、深思考，增加智慧，把自己塑造成教学大师的形象。当对教师提出要优化教学风貌时，有些教师常以自己也是一个普通的人，作为自己的教学风貌不得体的理由。教学一堂课，是一次积极的思维活动，是一件严肃的、需谨慎对待的事。要教好学，教师就要优化自己的教学风貌，把自己调整到最佳状态。

从容等候上课，是一节课的前奏，是不可忽视的课前准备。教师从容等候上课，就是提前走进课堂，就是有序地把教学资料与教具放到相应位置上，就是检测所需的教学设备（如多媒体设备是否正常，黑板是否擦干净，学生的课桌椅是否整齐等），就是随和地与学生交流情感与学习。教师从容等候上课，是在营造教学情境，是在暗示学生做好上课准备，是在以行动培养学生良好的学习习惯。从容等候上课，是一个好的开始；一个好的开始，能让一堂课成功一半。

即使化繁为简、概括地看待课前准备，课前所要做的准备也不少。做好课前准备不容易，甚至可能被深深地怀疑，谁能为一堂课做好这么多准备？

但要上好一堂课，教师确实需要有好的师德、好的教学理念与方法，需成为一个有文化涵养、激情、稳重、儒雅的人，需要精心设计好教学方案、保持良好的风貌、从容地等候上课铃声响起。

课前准备，是教师为课堂教学的准备，不是要到上课时才做的。课前准备，应融入到教师的一生中。修养师德、积淀文化、掌握教学技能，应时时刻刻地准备。有了准备，教学一堂课，才几乎不需要准备，教师的教学才可成为好的教学。

从我做起

从我做起，先要知道"我"是谁。从我做起，其实不是从自我出发，而是要抛开自我的念与欲，甚至牺牲自我，从教育的本原、全体学生的健康成长出发。

从我做起，关键在于"做"。"做"就是要学习、实践、反思、总结；"做"不是为我做，而是为学生做，是为教育这项事业做。

从我做起，是修养自我，成就好教师、好学校、好教育与好人生。

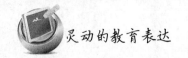

从我做起

为实施素质教育，更为学生未来的发展，国家建构了义务教育课程体系，可在很多小县域，百分百的义务教育学校都没落实国家的课程计划。

在这样的事实面前，教育管理者、校长、教师会有怎样的表现？他们会各说各话，说之所以这样与自己无关，之所以这样全是他人的错。

教育管理者说：是学校的校长与教师教育观念落后、教育教学管理与实践水平低、缺乏责任感所致。

校长说：是教育管理者不作为、乱作为所致。教育管理者不给学校配置如音、体、美等学科教师，学校怎么开设相关课程？教育管理者不顾学校教学实际，遇到点压力或为了一点小利就调动学校教师，如果学校仅有的一名某门学科教师也被调走了，学校还怎么开设这门课程？

老师说：是学校偏颇的管理与评价所致。学校只对语文、数学等主要学科进行管理、评价，只要教师所教统考的学科在考试中获得了高分数，就认为教师是好教师，这不是无形中表达了其他学科可以不教，可以把其他学科的教学时间都用在语文、数学等主要学科的教学上？

自己没错，只有他人有错；自己不献出爱，只想人间满是爱；自己不作为，只等待他人作为。你推我，我推你，纷纷扰扰，是是非非，责任之中，唯一没有自己。

这是我们的劣根性？这是包裹我们的文化？这样的态度，这样的行为、必不成事，必定败事。

其实，学校没落实国家的课程计划，教育管理者、校长、教师都有责任。人人都要负起责任，从我做起，国家的课程计划才可落实，教育才能有所成就。

从我做起，首先要从"我"出发，知道"我"是谁？

"我"是教育的本原，是国家的教育方针，是教育的法律法规，是面向全体学生、促进学生健康成长的观念。

"我"是自己该做好的一切，是自我该负的责任。

"我"不是狭义的自我，不是我想怎么就怎么。

从"我"出发，其实不是从自我出发，而是要抛开自我的念与欲，甚至牺牲自我，从教育的本原、全体学生的健康成长出发。

知"我"、有"我"还不够，从我做起，关键在于"做"。

"做"，就是我要包容他人的做法。他人有怎样的教育理念、怎样的教育实践，是他人的事，我只遵循教育的本原，绝不让他人的做法或过错成为自己施教的障碍。

"做"，就是我要担起自己的责任，真心关爱学生、热爱自己的工作，切实设计好教学，有效实施教学，绝不把属于自己的事推给他人，不把工作的失误归结为他人。

"做"，就是我要时刻反思，不断修正自己的教育理念，涵养师德，保障自己始终走在正确的教育之路上。

"做"，就是我要从教育的本原出发，以教育方针为指导，坚守教育法律法规，以学生为本，提升自己的教育教学水平，做高质量的教育。

"做"不是为我做，是为学生做，是为教育这项事业做。

人的一生，是修养的一生。教育之根本，是教学生修养好自己。

从我做起，是要消灭自我的私欲，坚守教育之本，不受他人所为之影响，做好自己；从我做起，是忘我，利他；从我做起，是成就好教师、好学校、好教育、好人生的不二之法门。

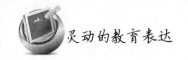

不累，我喜欢

在一档电视节目中，主持人问一小孩：你学习打鼓，累吗？小孩回答：不累，我喜欢，我如果不喜欢，可以去学我喜欢的。

小孩的回答多么简洁、洒脱、骄傲、幸福！

小孩的话直让我顿悟：人生何必委屈、何必苦累。学自己喜欢的，做自己喜欢的，就是完美的一生啊！

可细细一想，体味到"喜欢"二字又不是这么简单的一回事。

喜欢从何而来？

在我看来，人的喜欢来源于两个方面，一是先天，二是后天。

来源于先天的喜欢，不知缘何而起，显得神秘。也就是，人为何有这样的喜欢，很难以说清。如有孩子并没有见过某女孩，却一见这女孩就钟情；如有孩子天生好静，想引导他喜欢上歌舞、交际，很难；有孩子天生好动，想引导他学道成佛，就更难。

来源于后天的喜欢，大都是由于与某事某物亲密接触而起，易于理解。如小孩在没有学习打鼓时，并不知打鼓为何事，当家长送他去培训班学习打鼓后，他感觉打鼓易学、快乐、能得到他人赞许，就喜欢上了打鼓；如有孩子大学毕业时，还不喜欢做老师，可命运偏偏安排他当上了老师，做老师后，他感受到了做老师的乐趣，便喜欢上教书这个职业。

天生的喜欢，很少；人更多的喜欢，来自于人的实践与生活。

一个人说不喜欢这不喜欢那，往往是一时的虚妄。例如孩子现在不喜欢数学，并不代表他将来不喜欢数学，他通过委屈自己，努力学习，很有可能会喜欢上数学。如果不喜欢这，就不学这、不做这，往往会失去一项爱好、失去一次立业的机会。

不喜欢，我就不学、就不做，就去找喜欢的学、喜欢的做，草率了。

喜欢的就是正确的？

喜欢的，不一定是正确的。如孩子喜欢语文而不喜欢数学，他就只学习语文而不学习数学？如孩子喜欢打架欺人，他去学习打架欺人？如孩子喜欢抽烟玩牌，他就去学习抽烟玩牌？

显然不可。

喜欢并非随心所欲。不正确的喜欢，不是本文所谈及的喜欢。本文所谈及的喜欢，是正确的喜欢。

喜欢总被另一样东西监控，如风筝总被一根细绳监控一样。

监控一个人的喜欢的是人格。人格是道德、法规的化身。

人要学自己喜欢的，做自己喜欢的，必先建立起正端的人格。如建一栋房子，必打好地基、立好框架，然后方可对房子进行随意装饰。

不树立起正确的人格，只强调孩子学自己喜欢的、做自己喜欢的，那是充满危险与毁灭的指引。

可见，学什么，做什么，并非从培养喜欢处着手，而应从培养人格处入手。

我喜欢，就能学？

确实，人生苦短，何必去学不喜欢的，做不喜欢的，过苦累人生？寻喜欢的学、喜欢的做，是何等洒脱、何等幸福。

但人生不如意者十之八九，大多数人，人大多数时候总在学自己不喜欢的，做自己不喜欢的。

有多少孩子喜欢游山玩水却不得不坐在教室里苦读书本？有多少孩子不喜欢数学却在用花样年华解答数学习题？有多少老师喜欢经商赚钱却了无趣味地站在教室里教书？

"我不喜欢，就去学我喜欢的。"看起来"简洁、潇脱、骄傲、幸福"其实难矣！不恰当矣！

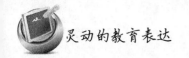

还可有何为？

"学喜欢的，做喜欢的，不喜欢，就找喜欢的学，就找喜欢的做"是每一个人的梦想，特别是孩子的梦想。

我，或老师也许在这一生里，真难以学喜欢的、做喜欢的。但我们苦累，不可再让孩子也苦累，宁愿我们苦累，我们也要努力让孩子实现"学喜欢的、做喜欢的"的梦想。

我，或老师可以尽力为孩子创造喜欢。如老师可以把教学做得生动有趣，让学习成为孩子的喜欢；可以尽力为孩子创造广阔、自由的心理空间与物质环境，让孩子自由地、有所成地学自己喜欢的，做喜欢的，不喜欢，就找喜欢的学，就找喜欢的做，且学而有成，做而有成。

让孩子成就梦想，可以成为我，或老师的梦想。尽管这样的梦想难以完全实现，但为梦想而努力，是人生的意义。

能做什么

时间是魔法师，它能把同一专业毕业的同学变成不同道上的人。在时间的掌心里，我成了一名教研员。

我成为教研员，并不像一粒尘埃随风飘落在大树的枝头上，而是像一片绿叶从树枝上长出，它的身子与大树一体，它的根深深地扎在土壤里。我成为教研员，形式上是由于教育管理者的一纸调令，实质上是由于我曾是教师、是教务主任、是校长、是学区主任、是中心学校校长。我成为教研员之前，曾长久地把根扎在中小学教育实践之中。

我常冥思，常有如下一些追问。之所以这样，只是因为我是教研员、我研究中小学教育。

正在做什么？

常做的事，常被做得习以为常、做得随便、做得应付、做得倦怠、做得不知为何物。

正在做什么？是一个很有价值的反问。

反问自己正在做什么，是时刻清楚所做事的模样与性质，是明了所做事的责任与使命，是把每天所做的事当成第一次，是把正在做的事做得完美、做出成效。

不同的人，所做的事常不同。我是一名教研员，我正在做什么？

我正在做中小学教育研究工作。说到研究，总让人感到高深而空洞。其实，我研究中小学教育，浅显而实在。

我研究中小学教育，就是解读中小学教育政策、理论、课程与方法，就是观察

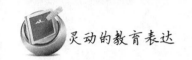

了解中小学教育教学现象、探求其本质、形成新的教育观点，就是研究中小学教育面临的实际问题、提出解决的办法。

观点是什么？

不管做什么，必定以某种观点为指导。只见事，不见理论；只想做事，不想学理论，有如只记得有自己，不记得有祖宗。

我研究中小学教育，有指导我的教育观点，有我自己的教育观点。

我认为中小学教育应是促进学生生长的教育。促进学生生长的教育是以学生生长为本的教育。学生的生长是全面的，是有个性的。中小学教育要保护好学生的个性，要促进学生个性的发展，要唤醒学生潜能，要促进学生全面、健康地发展。好的文化考试分数是学生生长的体现，但学生的生长不可能完全由文化考试分数来体现。学生良好的生长是学生接受中小学教育的最大利益，是政府、学校、教师办学的最大利益，是中小学教育本身存在与发展的最大利益。中小学教育是培植幼苗，是爱的教育、奉献的教育，不能有政府、学校、教师的私利。

我认为中小学教育应是规范的教育。规范的教育是坚守国家的法律、法规与政策的教育，是遵循教育根本原则与规律的教育，是按国家的课程计划开设、实施课程的教育，是认真、标准、有效地教好每一堂课的教育。规范的教育不脱离国家的要求，不利用学生谋取私利，不随便，不敷衍。如果中小学教育不规范，学校就可能随意删减国家课程，就可能在学生身上乱收费；教师就可能考什么就教什么，就可能以教育学生的名义而伤害学生。规范中小学教育，学生的健康生长才能得到保障。

我认为中小学教育应是有特色的教育。中小学教育是有国家统一课程计划的教育，是为学生的发展打基础的教育，是要关注每一个学生、学生的每一个方面的教育。从这个角度看，各中小学的教育好像是一个模样，没有区别。但不同学生的个性不同，不同学生的发展不同，不同学校的教师素养也不相同。要满足不同学生的生长，要充分发挥教师的才能，学校教育必须要有自己的特色，或者学校的学生人格品德很高尚，或者学校的学生创新能力很强大，或者学校的学生文化成绩很好，或者学校的文化气息很浓厚。

促进学生生长，就是要促进学生德、智、体、美、劳等方面全面发展。具体而言，就是要培养好学生发展的核心素养。学生德、智、体、美、劳全面发展，或者说学生的核心素养得到全面培养是中小学的教育质量。学生获得良好的学业成绩（文化考试成绩）是好的中小学教学质量的体现，但中小学教学的质量并不等于学生获得了良好的学业成绩。提高中小学教育质量，学校必须以促进学生生长为目标办学、必须规范地办学、必须特色地办学，教师必须学习、思考、改革、创新。研究教育、改革教育、创新教育是提高中小学教育质量的必经之路。那种只要高的中小学教育质量，却不要学习、思考、改革、创新的想法，是空想，是虚无。

想做什么？

人活着，总想做点什么；想做点什么，就想成点什么。

我研究教育，想做点什么？当然是想通过研究教育而透彻地理解教育，形成自己明确的教育观点；当然是想自己的教育观点能得到同行的认可、尊重，并化之为指导其他教师实践的指南；当然是想我所处区域内的中小学教育都成为促进学生成长的教育、规范的教育、有特色的教育。

为了有所成就，我总想这样做：安静地阅读、深思中小学教育，深入课堂，观察、认知、探索中小学教育的方法与真谛，通过交流、演讲、写作传播我的教育观点，用我的教育观点指导教育实践者的行动，让教育实践者的行动符合我的教育观点。

可是，我的做，并不是我自己做，而是想要他人做，是想他人按我的观点开展中小学教育；我所期待的成功，并不是我的成功，而是想要他人成功，是想要他人从事的教育成为促进学生成长的教育、规范的教育、有特色的教育。

他人想这样做吗？他人期待这样的成功吗？

如果他人不想做，我的做只能是梦想；如果没有他人的做，我的做等于没做；如果没有他人的成功，我不可能有成功。

这是教育研究路上一个残酷的潜伏。

能做什么？

想做的，不一定能做；能做的，不一定想做。

我是一名如尘埃一般的教研员，坐而论道，是我的工作常态。我能做的，只能是阅读教育、观察教育、思考教育、传播教育观点。

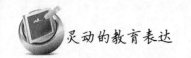

　　尽管如此,我的教育观点还只是我的教育观点,我阅读教育、观察教育、思考教育、传播教育观点,还只是我的工作,是我的喜好。

　　他人与我不一样。即使他人是教师,或教育管理者,他人的工作也与我的工作不尽相同。他人不一定阅读教育、观察教育、思考教育。他人一定有他人的教育观点,他人也许就认为能让学生升好学的教育就是好的中小学教育,只要能考出好成绩的教育就是好的中小学教育,只要改善了办学条件、提高教师福利的教育就是好的中小学教育。他人也想按自己的教育观点开展教育,也希望别人也按自己的观点进行教育实践。

　　谁会听从谁的观点? 谁会按谁的观点实践?

创收，不是教师的人生主题

即使在上帝的眼里，创收也可能是万千职业的主题，是人生主题、社会的主题。

但人世间的事，往往还有例外，教师这个职业，就不能以创收为主题。教师的人生，不能成为创收的人生，甚至，教师根本就不能创收。

这是为什么？

这是因为，教师的教学不只是完成课堂教学，课后，教师还要研究教学，还要批改作业，还要时刻关注学生、教育学生。如果教师完成课堂教学就去开小店、做生意，教师教育学生的心思自然就少了，这是家长慎重地把学生放到教师手里时没想到的。特别是当小店开得不错、生意做得还好时，开小店、做生意的收益会远大于教师的那点薪水，一对比，觉得做教师原来是如此地寒酸与无聊，教师就更没心思教育学生了。

这是因为，如果教师承包学校的商店或食堂，教师就顿时会换上另一幅嘴脸，会尽可能地采购便宜的商品，会尽可能鼓励学生吃零食，如赊账，如积分，如与班主任串联，按班级学生消费量给班主任反点等。为了这样的创收，教师就无法再教育学生要少吃零食、讲究饮食卫生了。

这是因为，如果教师组织学生参与社会机构举办的培训班，组织多少学生参加培训，培训机构就按人头回扣给教师多少经费，或者干脆拉教师入股；如果学校直接举办培训班，教师就说这样的培训多么多么重要，就可能在培训班上讲授下一学期的新课；如果教师独立办培训班，教师就可能给家长打打电话，说自己办了个培训班，名额不多，很适合你的孩子，家长一听，哪有、哪敢不愿意的，或在某次测

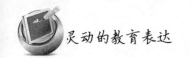

验后，跟家长交流，说你孩子这一向学习落后了，那些参加了培训的孩子成绩还是很不错的，你也得想办法辅导辅导孩子啊，或什么也不说，只是课堂上总让那些参加了培训的孩子回答问题，好的座位总让那些参加了培训的学生坐着，一段时间后，家长没有不明理的。这样创收，学生是否适合某项培训，无所谓，只要学生交钱就行；培训是有助于学生成长，还是有损于学生的成长，无所谓，只要学生交钱就行；夸大其词引诱、施展小计威逼也无所谓，只要学生交钱就行；职业规范、师德要求摆在面前也无所谓，只要我能创收就行。

这样创收，教师的职业操守必定被撕得粉碎，教师的思想行为必定被搞得乌烟瘴气、杂乱无章。

以上种种创收有明显的危害，都使不得，那教师努力工作，争取所教学生在考试中取得最好成绩，从而把组织给的那份奖金尽收囊中应该是教师创收的途径。

在以前，我认为这是教师创收的唯一方式，可现在，我认为这样的创收也使不得。如果这样创收，教师就可能侵占学生的每分每秒，学生还需不需要孩提的生活，教师不管，只要学生能够为自己读书就行；就可能不愿与同事合作，更不要谈参与现在正大力提倡的集体备课，提高学生的成绩我有我的杀手锏，只要我教的成绩超过你就行，我第一，你落后我越多，我越高兴（说小点，这样的人没有仁慈之心；说大点，这样的做法与均衡教育相违背）；就可能想着法子提前刺探试卷的内容；就可能给学生介绍作弊的技巧；就可能想法争夺好学生驱赶落后学生。这样的创收，怎么行？学生读书是为了老师的名利而读书，教师教学是为了获得名利而教学，学生苦，教师之间不和谐，教师丑态突显，学生伤害不浅。

创收，是欲望的表现。活着的人，都有欲望。人们常认为，高僧无欲无求。其实，高僧也有欲有求，高僧的所求是成为高僧。

不同的人，应有不同的欲望。高僧的欲望是成为高僧，商人的欲望是在买卖中获得利润，教师应拥有怎样的欲望？

可以肯定的是，创收不应成为教师的欲望。求得好的教学方法，让每一位学生都快乐、健康成长，求得一份仁爱的心情，陪伴学生像花儿一样开放，才是教师的欲望。

萌生这样的欲望，坚守这样的欲望，不能创收，但一定会有收获。

面对如墙一般的招生管理规章

以前，中小学生的暑假是清静的，九月的一、二、三日才是学校的招生季；现在却不同，早时四、五月，再迟七、八月，学校的招生工作就已热闹非凡。

在这长长的招生季里，家长如热锅上的蚂蚁，总在为自己的孩子上哪一所学校、为怎样才能上某所学校殚精竭虑、寝食不安。

为什么会这样？原因多样。

一是就学已成为一个市场。现在，不同的学校如形形色色的商品，学生可以选择这一种，也可以选择另一种。尽管由于就学市场的存在出现了许多教育系统招架不住的问题，而提出就近入学或者以摇号等五花八门的形式来阻止这种选择，但有了市场，必有选择，有选择，必有不安与彷徨。

二是生活是流动的。当前的社会是一个全面融合的社会，学生有可能今年生活在农村，明年又生活在城里；今年生活在这里，明年又生活在那里。在这里，学生要上学；在那里，学生也要上学。上哪所学校？怎样才能上这所学校呢？就成了总是萦绕在学生、家长心头的难题。

三是为了选择最好的学校。尽管教育专家与教育实践者都在说要均衡教育、都在努力使教育均衡，但绝对的均衡不存在，只要有多个学校存在，相比而言，学校之间就存在差异、存在优劣，就一定会出现所谓的优质学校。优质学校与劣质学校共存，才是一种客观现实。有了优质学校，谁不想进？谁都想进，那要怎样才能进？家长必定在这个长长的招生季里伤透脑筋、费尽心机。

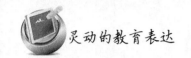

四是为了面子。不管某学校是怎样类型的学校，不管自己的孩子是否适合这所学校的教育，只要这所学校是所谓的优质学校，家长就一定想把孩子送进这所学校。自己的孩子进了这所学校，自己的内心就满是希望，讲起话、走起路来就精神十足。怎么进这所学校？找关系啊，请客送礼啊，长长的一个招生季，家长定会不得安宁。

五是盲目跟风。有人说某学校不错，说我的孩子就在这所学校上学，他就想我的孩子也要去这所学校就读。就这样一而十，十而百，家长们蜂拥而来，适合去这所学校上学，不必到这所学校上学的也去了。可要怎样才能进这所学校呢？这成为了许多人，不只是家长的难题。

选择某所学校，千方百计地进某学校就读，可以称为择校。

择校会给学校教育的生存与发展带来许多问题，最典型的是这所学校人去楼空，浪费教育资源，而那所学校却人满意为患，学位紧缺。怎么办呢？管理者就制定招生规章，如，某区域内学生只能到某学校上学，有怎样的证件（户籍、房产等证）的学生才能到某学校上学。以此规范（其实是限制）学生流动，以达到各学校生源的平衡。

可这样行吗？既然就学是一个市场，我就可以有选择；既然这是一个人人都可以自由流动的社会，我不管流动到哪里都得读书；既然我想到某学校上学，我就有实现想法的权力。为什么要规范我？为什么要限制我？

这样的问题，留着以后思考。

这里，我要继续思考的是，那些规范学生流动的招生规章，又是怎样一种生存状态。

这些招生规章，如一堵围墙，墙内、墙外、墙角、墙头上的风景如画；如文，生机盎然，意味深长。

墙外满是人，墙内满是人，墙头满是人，墙角千疮百孔，大门口也是进进出出的人。

有人凭一己之力翻墙而入，有人从墙外架上梯子而入，有人踩着他人的肩膀而入，有人被墙内的人一拉而入，有人在墙角偷偷砸了个洞弓身而入，有人在大门口一站，门卫就点头哈腰引他而入，有人的大门口破口大骂，威吓耍赖，门卫只好忍气吞声地让他而入。

还有些人，在墙外游走，他们矮小、力单、孤独、不言不语。他们有些在牢骚、有些在愤怒，有些很认命，有些面对围墙望而生畏。

凡是进入墙内的人，个个都笑容满面、趾高气扬，俨然社会的精英、成功的人士。

这是一派风景，更是一种文化，以打破规章为能、为荣、为有成的文化。

这也是一种无趣、无聊的文化，自己立下规章，自己千方百计地去打破它，并以此为能、为荣、为有成。

自己立下规章，就敬畏它，就按它行事，并以此为能、为荣、为有成。这应也是一种文化，这应成为我们向往的文化。

可这样的文化在哪里？谁有能耐坚守这样的文化？我左右遥望，上下求索。

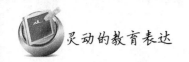

调入城区学校

农村教师不断调入城区学校，农村学校教师的数量不断减少、质量不断降低。这是当下一个无比平凡的话题。

作为小县城的一名教研员，我泡一杯茶，寂静而处，用心体会这个无比平凡的话题，慢慢地看农村教师调入城区学校的根源。

根源一，农村学校教师生活不方便。农村学校教师一般没在农村学校生活，他们的家一般立在城里。即使农村学校教师想在农村学校成家，也难以在农村学校或农村学校所在的农村购买到成家的房子。家不在农村学校，农村学校教师就每天或每周要从城区到农村学校去上班。经历者就能体会，这有太大的不方便、有太多的艰辛。经历后，农村学校教师只要有机会，就赶紧离开农村学校。

根源二，农村学校教师难以获得成功。现在的社会是一个行动自由、高度融合的社会，农村人今年是农村人，明年就可能是城里人；家长可以把孩子送到甲学校读书，也可以把孩子送到乙学校读书；成绩优异的学生通过考试或通过关系进入了城区名牌学校，有点钱、有点势的家长也把孩子送到城里了。农村学校的学生越来越少，农村学校的优秀学生更是越来越少。腐木不可雕，学生的天生素质差，农村学校教师再努力也教不出好成绩。教师这个职业本来就平凡，好的教学成绩都出不来，教师还有什么成功的体验？教师还怎么能够安心做一个农村学校教师？

根源三，农村教师的收入太少。说农村学校的收入太少，也就是说城区教师的收入更多。其实，从政府核定的工资看，农村学校的教师与城区学校的教师的工资一模一样，甚至由于有农村教师工作补贴，农村学校教师的工资还要高些。为什么又说城区教师的收入高呢？这是由于城区的经济水平高，各种经济活动多，在城区工作的价值也就更高。如，教师教得好，家长往往要感谢老师，城区的家长感谢老师的可能是一个红包，农村家长感谢老师的可能就是几个鸡蛋。又如城区遍地是中小学培训机构，承担培训任务的不可能是社会人士，肯定是城区教师（尽管政策规定，在职教师不能参与有偿培训，但这在很大程度上是一句空话，要想让在职教师不参与培训，除非这个社会不存在针对中小学生的培训）。通过培训，城区教师可以有丰厚的收入，农村教师却不一样，农村教师一创收就会违规（利用学生创收的项目，没有哪个不违规，只是在城区违规，没人管，在农村违规，必然有人管）。想创收，很难，农村教师依那点政府给的工资，实在难以养家糊口，想想城区教师那可观的额外收入，尽管自己对农村教育有天大的责任，尽管对农村孩子有千万个不舍，还是先想法调往城区吧。

根源四，农村教师也要活一张脸。尽管城里人常开着车到农村，甚至到深山老林中去休闲；尽管城里也确实不是天堂，但进了城，特别是进了大城，绝大部分中国人还会认为这是一种荣耀。也许农村教师的父母兄弟都在农村，自己的小家建在农村，自己的工作也不错，甚至还承担着农村学校的管理重担，但想想自己许多的同事、朋友、同学都在城里风风光光，就有了调入城区想法。即使调入城区学校后，工作压力增大了，生活成本增高了，自己也心满意足。自己终归成了一名城里教师，当别人问起在哪里教书，自己至少可以昂首挺胸地说，在市里某中学教书了。

当前的社会是个大交流、大融合的社会，农村教师流入城区是一种潮流、一种现实。

但另一方面，农村是广阔的天地，农村必须存在学校，农村学校必须有教师。农村教师大量涌入城区，农村学校的办学就会遇到困难，农村的孩子所受的教育就要低于城里的孩子。

任何有点良知的教育管理者，必然怀抱这样的教育理想：农村的孩子与城里的孩子一样，我们应给农村孩子与城里孩子一样的教育。

可面对农村教师渴望调入城里的愿意、面对农村孩子应享受与城区孩子一样的

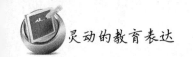

教育的理想，教育管理者又是怎样作为的？

一是管理者不断地规劝、教育农村教师，说：农村是广阔的天地，大有作为，你们要热爱农村教育，要扎根农村教育。

每当这个时候，我就想问问台上的领导，你愿意在农村学校当一名教师吗？你愿意扎根农村学校吗？

如果不装腔作势，诚实而答，台上的领导很可能会说：我不愿意扎根农村学校，不愿意在农村学校当一名教师。

己所不欲，勿施于人。说教的方式，苍白、无力，也无为。

二是通过行政决策，禁止农村教师流入城区（或者说冻结教师流动）。可这样的决策逆潮流，违背教师的愿意；这样的决策不是好的决策，在现实面前不堪一击。

政策不让我流动，可以，我不当农村教师了，我去外地学校应聘、去考研究生、去考公务员，我总会找到一条从农村学校走出去的路。

三是通过所谓合理的方式把农村教师调入城区。这样的调动，大致可以分为两种：一种是通过行政调令把农村教师调入城区。领导明知道农村学校师资有问题，明知道农村孩子应享受与城里孩子一样的教育，可为什么还要做出把农村教师调入城区的决定呢？有可能是城区学校需要教师，更有可能只是教师有调入城区学校的意愿。教师有调入城区学校的意愿，就要找关系，搭建了某种关系，这种关系就会压迫教育管理者，不调就不行了，不调会严重影响管理者的个人利益，也会影响教育系统的集体利益。另一种是通过招考把农村教师调入城区。领导明知道农村学校缺少教师，特别是缺少优秀教师，为什么还要通过招考这个方式把农村学校的优秀教师调入城区呢？招考是一种潮流，表达了领导做事公正无私，给大家一个公平进取的机会；招考也是一块很好的牌坊，在牌坊的背后，还是为了协调各种关系，为了保证个人的利益和集体的利益。

面对农村学校教师想调入城区学校的强烈愿意，教育管理者还可能有如下形形色色的作为。

比如，通过威吓教师，保证教师队伍稳定。如有教师不听话了。领导就说，还不听话，就把你调到农村学校去。可时常会看到这样的现象，为了杀鸡给猴看，终有一两位教师调入农村学校。可这一两位教师常会大吵大闹、上访寻事，让领导不得安宁。

比如，把新招聘来的教师都安排到农村学校。这好像是一条解决农村教师短缺、提高农村学校师资力量的有效举措。可仔细一想，就不一样了，新招聘来的老师安排到农村学校时，必然会有一批，甚至更多的农村教师调入城区。这其实还是游戏一场，在这场游戏中，调入城区的教师获利了，教育管理者获利了，农村教育却受到了不小的伤害。

尽管教育管理者怀抱的是"农村孩子应享受到与城里孩子一样的教育"的教育理想；尽管教育管理者在采取把农村教师调入城区时，理由说得很得体、很堂皇，但这些措施大多都是在协助农村教师调入城区，大多对农村学校的教育有害无益。

教师流动的潮流，不可挡，农村孩子又应享受与城里孩子一样的教育。教育管理者应怎样作为？

比如，按需配置教师。就是说学校需要多少教师，需要怎样的教师，就配置多少教师，配置怎样的教师。这种设想，常见，大家都说，可说起来容易做起来难。

"需要"是什么意思？哪个学校不需要教师？就很难厘清。某门课没人教了，需要调入教师；学校教师的教学水平很一般，想引进优秀的教师，需要调入教师；按课标，一天一般只需安排七节课，学校硬要一天安排九节课，学校整体工作量增加了，需要调入教师；一个七年级数学教师担任两个班的数学教学是基本工作量，如果学校只安排数学教师担任一个班的数学教学任务，许多工作没人做了，需要调入教师；如果年长教师只担任少量教学任务，担任了行政工作的教师就不再担任教学任务，学校人不少，但做满基本工作量的人不多，也需要调入教师。

考察学校是否需要教师，确是件不容易的事，要准确了解一个学校是否需要教师，得先有一个教师配置的标准或规范。如，学校一天到底应有多少基本工作量，一个教师到底应担任多少教学任务，一个教师到底要工作到几十岁才可离开岗位，一个学校行政干部到底应担任多少教学任务等。规范出来了，按规范核算，才知道学校教师的实际情况，学校按规范安排工作，学校主管部门按规范配置教师，才可能真正做到科学配置与流动教师。

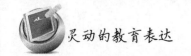

比如，中小学教育城市化。农村与城区统筹发展，农村教育与城区教育均衡发展，农村的孩子与城区的孩子接受一样的教育，是我们的理想。但在当前的社会里，这可能只是我们的理想，是不可能存在的现实。在这样的现实面前，想要让农村的孩子接受与城里孩子一样的教育，把学校都办在城区，可能是一种出路。特别是某个区域不大，一些小县市，区域内的中小学都集中到城区，就可以从根本上解决城乡差别，从根本上保证了农村孩子与城区孩子接受一样的教育。

比如，加大经济调入，改革教师配置体制。加大经济投入，提高教师的待遇，是稳定农村教师队伍，保障农村学校教师师资水平的前提。但这只是一个前提，根本的还要改革教师配制的体制。教师配置体制要改成什么样？这很难说，我也说不好。但学校至少要有教师的配置标准，城区、农村学校都按教师配置标准配置教师，流动不要紧，农村学校教师调走了，农村学校就公开向社会招聘同样多、同样学科的教师，城区、农村学校教师始终保持一种数量与质量上的动态平衡。

这上所说，可能看起来有新意，可行，但这些都只是设想，不是教育现实。不是教育现实的事，易说不一定易做，做起来也不一定有效。

争先

跳出中小学教育，站在一旁，用心观察，当前中小学教育的特征就会呈现在眼前。争先，就是中小学教育的典型特征之一。

中小学教育中存在的争先，是与中小学教育相关的教师、学生、家长、学校、教育管理部门等，对照一定的标准，争取优秀的成绩，占据优势的位置。

教师常通过参加课堂教学比赛、说课比赛、教学设计评比、教学论文评比、课题研究评比、教学质量评比等活动而争取优秀成绩。

学生常通过参加各学科的竞赛活动、每期或每月或每周的学习考试等活动争取优秀成绩。

家长常通过给孩子请家教、要求自己的孩子参加各种辅导班、千方百计把自己的孩子送进重点学校或名校就读，让自己的孩子获得比别人的孩子更优秀的学习成绩，在成长中占据更有利的位置。家长争先，就是帮助孩子争先。

学校常通过参加上级组织的常规教学检查评比、思想教育检查评比、卫生检查评比、年度综合检查评比等活动，成为区域内的重点学校或名校。

教育管理者常通过参加更上级组织的各种的检查评比，争取在评比中取得优异成绩，而成为优秀单位。

争先普遍存在，看起来自然而然，但到底大家争先的缘由是什么？

对于这个问题，释家、道家都有精彩的回答，我无法从形而上来分析，我只能看到现实。从现实看，争先是这个社会的存在方式，没有争先，这个社会几乎不可存在。

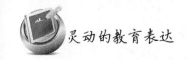

争先，有强大的生命力和伟大意义，中小学教育中存在的争先也一样。

有了争先，学生可能勤奋学习，家长可能更关注孩子的成长，教师可能你追我赶地工作，学校可能办出成绩，教育管理部门可能得到上级的赞许、大众的认可。

学生争了先，就可以上更好的学校、有更好的工作；家长争了先，就是帮孩子争了先，帮孩子争了先，家长的能力就得到了体现，心愿就得到了满足；教师争了先，就是争到了职称、争到了工资、争到了地位；学校、教育管理部门争到了先，读书的找来了，想工作的找来了，地位与名利都找来了。

大家都争先，中小学教育看似热热闹闹、红红火火、满眼可喜的景象。争先了，中小学教育就一帆风顺、蒸蒸日上、完美无缺了吗？并没有。相反，中小学教育中的问题还是层出不穷，难解难治。

怎么会这样？问题的出现是否与争先有关？争先，是否就是当前中小学教育问题层出不穷的根源？

学生为了争先，就可能不顾自己的个性、放弃自己的爱好；就可能两耳不闻窗外事，从天刚亮到深夜，只认真地读与升学相关的几本教科书；就可能在学习成绩不好时，千方百计舞弊。

家长为了争先，就可能不顾孩子的成长规律与需要，禁止孩子只能这样，不能那样，盲目地把孩子送进各种培训班。尽管有些家长口头上也坚决反对占据孩子的自主成长时空、磨灭孩子个性的做法。可只要涉及自己的孩子，他又不声不响地约束着自己的孩子，把自己的孩子送进了各种各样的培训班。在争先的浪潮中，有了家长无微不至的关怀，孩子就难以有属于自己的天空、率性的成长，那些所谓的有识之士所期盼的有个性、能创新的人才也难以大量出现。

教师为了争先，就可能剽窃他人的论文、贿赂参与各类评比活动的评委，就可能突破教学规范、延长学生的学习时间、增强学生的学习强度，就可能泄露考试试题、帮助学生舞弊。

学校为了争先，就可能弄虚作假，通过做资料，把没做过的工作做成优秀的工作；就可能挂羊头卖狗肉，欺世盗名，把靠破坏教学规范、延长学生的学习时间、增强学生的学习强度得来的成绩，硬说成是运用某教学新理念而得来的成绩。学校争到了先，成了重点学校或名校，家长、学生就趋之若鹜，择校的风一阵强一阵，刮得学校难以招架、上级教育部门难以招架、社会难以招架。

也许有人会说，中小学教育这一系列问题的出现，与争先无关，争优并非其根源。争先，没错，这些问题的出现，只是监管缺位而已。监管到位了，这些问题就不存在。如论文评比，只要评审论文中评委严格审查，剽窃行为就会暴露无遗；如有了名校，再建好就学制度，并严格执行，就可以消除择校现象。

但监督与不轨的行径是猫与老鼠，有了再多的猫，猫的武功再高强，老鼠也不会绝。常说，道高一尺，魔高一丈，可谁是道，谁是魔，难说。有了猫就能管制老鼠，有了道就能制服魔，并非一个绝对正确的命题。

如果没有争先，中小学教育中的这些问题还会存在吗？如果区域内的学校都符合办学的规范、都均衡发展，还会有择校现象吗？如果只要教师的教学符合规范，就可晋职，教师还会有剽窃论文、贿赂评委吗？如果尊重学生的人格和个性，教学以学生健康成长为根本，学生还会丢掉自己的个性和爱好吗？

如果不争先，中小学教育又会是怎样的模样？可能就是依教育方针办学，规范地办学。

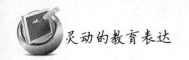

年终检查

羞愧

临近年底，教育局总会组织相关人员对学校进行检查。我身处教研部门，每年都要求参与其中。

检查学校，其实就是检查校长、老师的工作，主要做两件事：一是看校长、老师做了什么，做得怎样；二是校长、老师做得好，就给予肯定，做得不好，轻者指出，重者就批评。

混在检查的队伍里，我表面上很像个上级领导，可事实上，我提不起半点自信，领略不到半点威风，我从心底里感到不好意思，感到羞愧。

因为，我曾是校长，且做了 15 年。后来，我请辞了校长，躲到一旁，做一名坐而论道的教育教学研究者。这不是由于其他，而是由于我感到做校长艰难，做校长辛苦，做校长做不出自己想做的名堂，我是畏难而退，难有作为才离开。一个畏难而退的人，怎么有底气、有资格对正在一线艰苦工作的校长与老师指手画脚？

不管是情不自禁，而是无可奈何，人经常会摇身一变。摇身一变，人就会有另一番嘴脸。我也一样。我常为这样的一样感到羞愧。

应检查什么

其实，年终检查的内容显而易见，就是检查学校是否按教育局提出的要求做了工作，是否做好了教育局布置的工作。更概括地说，就是检查"我"所提出的要求、"我"所布置的工作，"你"是否做了，是否做好了。表面上检查的是"你"，其实检查的是"我"，检查"我"的要求落实得怎样、"我"的工作被做得怎样。

正由于"你"的工作，就是按"我"提出的要求做的工作，都是"我"所布置的工作。所以，检查者都用同一标准来观察、评判每一所学校，同时，不管哪一所学校，都以目录一致的工作资料迎接检查。千人一面、千篇一律，是年终检查的一般模样。

年终检查，不仅仅是一次检查，它还是就存在我们身边的他人对我们、我们对他人的一种评价模式。

在这样的管理中，"我"提出的要求就是"你"工作的方向与规范，"我"布置的工作就是"你"工作的内容。不管"你"身处何处，不管"你"能力如何，"你"都得按"我"的要求工作，都得完成"我"所布置的工作。这样的管理，突出的是"我"，是"我"思想、"我"的工作、"我"的威严，消解的是"你"的自主，磨去的是"你"的个性和特色。

但不管怎样突出"我"、强化"我"，校长总归是形形色色的，学校所处的环境总归各不相同，学校必然是一个有个性的集体。学校的工作，只可能是学校这个独立个体所做出的工作。

基于此，办学必然是学校在国家的教育方针与地方政府的要求下，制定属于学校的阶段性办学规划与年度工作计划，并按规划与计划开展工作。上级所制定的办学标准、所提出的办学要求，是各个学校努力的目标，各个学校只可能在这样的标准、要求下各显神通、办出特色。

如果这么理解，年终检查，应该是检查学校是否落实了其所制定的办学规划与年度计划、按年度计划所做的工作是否优质。检查突出的应是"你"，而不是"我"，检查针对的应是"你"的规划、"你"所做的工作，而不是"我"想要做的工作、"我"所布置的工作。

只是一面之词

听、看、查、访，是检查的主要方式。通过这些方式，检查者希望了解学校的实情，

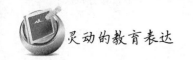

能对学校的办学现状做出准确的判断。可听的、看的、查的、访的是实情？是学校的真实面貌？

不一定。听到的，也许是掩盖丑陋的赞美，是故意中伤的牢骚。看到的，也许是为了应付检查的做作，是个别教师不慎的教学失败。查到的，也许只是粉饰一新的文章，是完美工作的粗糙概括。访到的，也许是言不由衷的托词，是不怀好意的冤枉。

了解自己难，了解别人更难。再细致、再深入地检查，也常与实际相去甚远。

检查时，看到的，常常是戏，海市蜃楼一场；摸到的，常常是象的腿，或是象的尾巴，或是象的耳朵。依片面的素材与虚幻的景致形成的观点、做出的判断，只可能是一面之词。

一面之词，最终成了检查的结论，成了校长、老师头上的帽子。这并不是检查的初衷，可一定是检查所固有的属性。检查者是否也有这样的认知？有了这样的认知，我们又该怎样对待检查？

怎样才是了不起

校长一般都能说会道，说起对教育的理解，说起自己的办学思想与实践，说起自己的为人，总是滔滔不绝，很有个性。

如果只听校长说，确实会认同校长教育思想的深邃、办学理念的先进，确实能体会到校长对教育事业的执着、对学校的热爱，确实会赞叹校长办学规划的宏伟、办学活动的丰富，确实会敬佩校长付出的努力与勇往直前的魄力。

如果只听校长说，确实会认为校长的专业水平高、办学责任感强，确实会认为校长的管理井然有序、学校形势一片大好，确实会认为师生精神风貌良好、学校办得卓有成效。

如果只听校长说，检查者一定会如沐春风、心情振奋，一定会满意自豪，忐忑而来，乘兴而归。

可校长说的，只是说的。事实如何，而得经常深入学校、深入课堂、深入教师。

深入学校、深入课堂、深入教师，看到的、体会到的，也许就不一样了。也许课程表的安排科学合理，但课堂上却很少见音、体、美、科技活动等课程的踪影；也许教学管理制度装订得厚重美观，但教师很少备课，却无人问津；也许校长手里高举着教学改革的方案，教师却低头坚持灌输式教学；也许校长信心百倍、满面春风，教师却怨声载道、消极怠工。

善说，是校长的了不起。但校长真正的了不起，不能只在于善说，而应在于愿做、敢做、能做得好。

无米之炊

校长，是一校之主，类似如一家之主妇。哪个校长都想办好学，正如每个主妇都想煮出好饭一样。校长要办出好学，需要一定的条件，这正如主妇要煮出可口的饭需要米一样。

校长手里的"米"是什么？

校长手里的"米"是志同道合的管理帮手，是好的老师，是自主的管理权力。

校长手里有"米"吗？许多校长手里没有多少"米"。

有些校长一心扑在事业上，帮手却吊儿郎当；校长想以学生为本办学，帮手却以为只要学生在考试中取得了好分数就行；校长想从学校的利益出发安排工作，帮手却只要自己的利益稍有损害就给校长出难题。

一个篱笆三个桩。没有志同道合的帮手，校长即使有三头六臂，办学也难有所成。

有些校长手里也没有几个好老师，甚至连老师数量都凑不足。办学有要求、标准。如英语学科需要一个懂英语的人来教，要培养学生的歌唱素养需要有一个懂音乐的人。可有的学校六年级六个班，只有八位教师。有的学校找不出一个学过历史的老师，找不出一个学过化学的老师，学数学的老师只好去担任历史教学，学语文的老师不得不担任化学教学。

没有教师，学校的课程就难以恰当安排，没有专业的学科教师，想有好的教学质量，再努力也可能只是梦想。

校长也基本没有自主办学的权力。校长本是一校之主，可校长对帮手的选用与解除难以做主，对老师的去留难以做主（校长无法让一个完全不适合在自己学

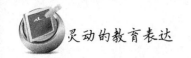

校工作的老师不在自己学校工作）、对老师的工资做不了主、对学校其他资金的开支也难以做主（如校长想对教学出色的教师进行奖励，而这样的经费开支却与政策相背）。校长办的学是主管部门的学，校长很大程度上只是主管部门手里的一个提线木偶。

校长没有了自主性，主管部门的责任就重大，主管部门就必须自己做出成绩，就必然不断地对校长提要求，向校长布置工作。主管部门提出的要求、布置的工作常让校长应接不暇、措手不及。校长时时处于这样的忙乱中。在这样的忙乱中，如果还想看到校长的办学特色，那基本上是痴人做梦了。

巧妇都难为无米之炊，何况校长大都不是巧妇。没有志同道合的帮手，没有好的老师，没有自主的管理权力，而要校长办好学，真有点强人所难了。

当自强

社会，不是桃花源，而是一个充满矛盾的地方，一个迷漫着不满的地方。学校是社会的一角。走进学校，也易见牢骚迷漫。

领导关心的是其他学校，其他学校已建成了花园，自己的学校多年没得到修缮了；说好一点的老师都调走了，好多课程没人教，每节课有人站在讲台上就不错了，巧妇真的难为无米之炊；说某些学校喜欢搞小动作，好学生都被他们挖走了，领导也不闻不问，没有好学生，学校老师教得没一点味儿，还怎么谈教学质量。

牢骚有何用？责怪有何用？等，他人会来关心你？要，他人会给予你？靠，他人会为你撑起阴凉？有谁会给你送来办学经费？有谁能帮你制止老师调走、学生转学？有谁能帮你管理好不服管理的老师？这一切都不可能。

参天大树，曾穿过千年的风雨。办不下去的杜朗口中学，努力了多年，才成为名校。

困难总会有，脚下的路不可能是坦途。弱肉强食、扶强不扶弱，是这个社会的铁律。面对艰难，坚忍不拔，千方百计，艰难前行，逐渐强大，是一个人或一个单位的正道。

学校只有办得越来越好，学生才不会轻易转学，教师才可能留下来，各种关心才会如春天般的花朵一样盛开。

不可随便

面对检查组的人员，校长很自信，说，迎接任何检查，我们从不做准备，从不搞虚假，我们就以自然的状态迎接检查。

深入学校，学校确实很自然。走廊上自然地散落着食品袋，课堂上老师懒懒散散、自然无半点做作，部门负责人自然不见人影，反映教学活动的资料自然散乱、毫无章法。

这样的状态，是自然的状态，但其本质是随便，是无所谓。校长为人随便，学校管理随便，教师教学随便。

有规矩才有方圆。无所谓的随便，不是办学的好方式，不是为人的好方式，也不是迎接检查的好方式。随便，常不能呈现实力，甚至只等于不作为。

不做准备，是时刻准备着；不惧怕，是自己强大。素面相迎，必定是容颜姣好，必定是内心强大。以自然状态迎接检查，并不是无所谓的随便，自然的状态应是有准备的状态，应是自信的表达。

检查是为了改进

年终检查，每年都进行。

可多少年了，学校还是一样的学校，校长还是一样的校长，成绩还是一样的成绩，问题还是一样的问题。

充满矛盾的学校依然充满矛盾，自由散漫的管理依然散漫无章，只谈不做的校长依然做着校长，不利于学生健康成长的教学依然横行，教不好学的老师依然站在讲台上。

检查不能只是为检查，不能只为发现问题，不能只为得到一个结论。检查是为了解决问题，是为了学校走在正确的道路上，是为了学校更有效、更好地发展。

不协调、不督促学校改进，检查就没有意义。

检查是为改进而生的。如何改？改进的关键，是改人。不作为的校长就不要做校长，无理取闹的老师就调离，不以学生为本的教学就取缔，当不好老师的人就不

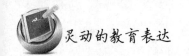

要做老师。

可是成了检查者，人大都已世故。世故的人心里明白：检查是"我"的事，我必须尽责；改进是件难事，不只与"我"有关，没有改进，也不是"我"一个的责任。

所以，为了改进的检查，常见吗？

不，为了改进的检查不常见。没有改进，就不要检查吗？不，不为改进的检查还得年年进行。

谁是真正的实践者

你在学校，我在教育科学研究所。

你在学校面临一个又一个棘手的问题。我在办公室里冥思苦想：你是否可以那样做？你应该这样做！

对于学校教育，你与我经常会有一些真诚的交流。

走过一程，再回首，世界已有了很大变化。你现在管理的学校已大不同于我从前管理过的学校。

我刚走上教学岗位时，学校的老师都住在学校，不管上课期间还是放学之后，学校始终像个学校，有人的气息、有文化的气息。

现在，成家立业的老师大都住在城区，在城区有了自己的住房，上课时来上课，上完课就回家。留守学校的是少数几个新上岗的教师，这些新上岗的教师，还没有成家，大多来自遥远的地方。放学之后，人去楼空，守着空阔的学校，留守学校的老师，孤寂无边，他们很少有与老教师交流的机会。

面对这样的现实，我有些忧伤，有些担心，情不自禁地思考，开始所谓的研究。

能否把这些新上岗的教师都集中在乡镇中心学校住宿？由乡镇中心学校统一管理他们，乡镇内其他的学校只有用这些教师的权力，类似于一个乡镇成立一个教育集团，人、财、物、事由中心学校校长统管。这样，新上岗的教师至少不再寂寞，至少可以过上正常人的生活，至少有机会与同事相互交流。

没有与你交流时，我几乎认定自己的想法非常有新意、非常符合社会发展的要求，

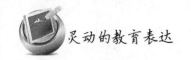

几乎认为"乡镇成立教育集团，集团统一管理教师"是当前的农村教育最好的出路。

现在，你是校长，你面对的现实、困境与我曾经历过的有所不同，但我由于也曾是农村学校的校长，我对你正面对的现实与困境同样能感同身受。

你说，如果按我所思考的方式管理乡镇内的教师与教育，无数的问题与难题就会摆在面前。

成立乡镇教育集团，集团总校长的工作多了，谁愿意揽这么多活在自己身上？教师集中到一起，集团总校长面对的矛盾自然多了、集中了，谁愿意麻烦缠身？

各学校的人、财、物、事都由集团管理，其他学校校长没有了权力，只有带领教师搞好教学的责任，这些校长怎么会有积极性？又怎么有激情、有动力去管理好学校的教学？

由于习惯与历史原因，村里的学校与村民有关，或多或少还会得到村委员会的支持与关心。如，教师节，村委会会带点钱来慰问教师。如果村里的学校由乡镇的教育集团管理，村委会还有没有支持关心学校的积极性？集团总校长有没有那么多精力与能力去协调好与各个村委的关系？

集中住在乡镇中心学校的教师要去各学校上班，又会增加交通成本，这笔钱谁出？教师出，教师的工资就那么一点；学校出，政府又还没给学校预算这么一笔办学经费。

如果不打断你，你还可以列出许多实行"乡镇成立教育集团，集团统一管理教师"可能会遇到的问题与困难。

这样做，有许多困难，那样做，还是有许多困难，这是农村学校教育的现实。

不改变教师的管理现实，新上岗教师就难以迅速成长，难以在乡村学校生存，乡村学校留不住这些年轻教师，学校的发展难以为继；推行"乡镇成立教育集团，集团统一管理教师"等新的思想与方法，新的问题与阻力又接踵而来。

就这样，你左右为难，我的思考也左右为难。有想法又清楚现实的人，不可能不为难、不尴尬！

现实的改变，期待英雄式的实践者。

只有英雄，才不左右为难，才可成为真正的教育实践者。他们不会只坐在办公室研究与思想，不会一想到可能会出现的问题，就维持现实，不敢突破。他们有思想，清楚现实，激情满怀，坚忍不拔。他们会高举自己的思想，果敢实践，让可能出现的问题没法出现，让摆在自己面前的问题不成为问题，能最终把自己的思想变为现实。

你在学校，我在教育科学研究所。我不是英雄，甚至不能称为教学实践者，但我真心地希望你以及更多的一线管理者都成为英雄式的办学实践者。

也许，你说自己也很难成为英雄式的办学实践者。

可我不失望。因为我坚信：我不离现实的教育研究会对你的实践有指导价值，你步步为营的办学实践一定会推进教育向前发展！

教学研究之研究

　　有教学，就必定有教学研究。教学研究伴随教学活动而生。

　　教师粗浅、随意地想了想教学，是教学研究；教师有意识、有计划、有方法地学习思考、讨论交流、分析探究，也是教学研究。

　　教学研究以探求真知为目的、以学术话语为表达方式，追求的是理想；教学管理以解决现实中的教学问题为根本，保障教学平稳进行、力求摆平各种现实利益是它的责任。教学研究是探究要怎样才最好，教学管理是思考要如何才可行。教学研究是思考、批判，是求真；教学管理是平衡、和谐、完成任务。教学研究需要研究者有一颗纯净的心，教学管理者的心已历经风雨、八面玲珑。

　　尊重不同形态与质量的教学研究，尊重教学研究与教学管理之间的距离与矛盾，不消极，仍努力，教学研究才可能卓有成效。

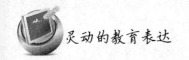

教学研究之研究

身处教学之中，教师总是教学、研究，再教学、再研究，忙忙碌碌，一路向前。可什么是教学研究？很少有老师问，很少有老师想。

不知教学研究为何物，怎么能清晰、客观、理性地认识教学研究？怎么能科学、有效地研究教学？基于这样的反思，基于想更清晰、更客观、更理性地认知教学研究，想更科学、更有效地研究教学，我尝试着对教学研究进行研究。

什么是教学研究？

什么是教学研究？专家这样定义："教学研究就是以促进学生全面发展和教师专业进步为目的，以学校课程实施过程和教育教学过程中教师所面对的各种具体的教育教学问题为研究对象，以教师为研究主体，以专业研究人员为合作伙伴的校本实践性研究活动。"

我认定这样的定义。这个定义，非常明确地指出了教学研究的目的、对象、主体与方式。理解了这个定义，我们对教学研究就有了一个简明、完整的认识。

但这个定义说，教学研究的主体是教师，这与我们平常的认知有很大区别。平常，我们认为教学研究主要是专业的教学研究人员（指教研室、教科所等专业教学研究机构的人员）的事，认为教学研究的主体是专业的教学研究人员。其实，不然。尽管专业的教学研究确实不可忽视，尽管研究教学是专业的教学研究人员的职责，尽管专业研究人员的研究更规范、更有计划、更科学、更深刻，成果更有价值，但他们不可能是研究教学的主体，他们只能是教师研究教学的伙伴。

为何？因为，在目前形势下，所谓的专业教学研究人员一般不处于教学的第一现场，在很大程度上，他们脱离教学实际而存在，他们的研究不直接作用于教学，他们研究的经历、成果不可直接转化为促进学生全面发展与教师专业进步的力量。脱离教学实际，不可直接作用于教师与学生的研究，与以上所说的教学研究的内涵相去甚远了。教学研究只有成为教师的事，教学研究才可直接拥有研究的对象，才可直接作用于学生与教师，实现其价值。

与教学研究紧密相关的，还有另外一个词，就是教育研究。教育研究是教育科学研究的简称，专家认为："教育研究就是人们运用科学的方法探求教育事务本质和性质，摸索和总结其教育规律，取得科学结论，解决教育问题，促进教育事业发展的研究活动过程。"

显然，教学研究的内涵与外延都要小于教育研究，思考教学研究，是从一个较小的角度思考教育研究。本文只审视、思考、探究教学研究。

教学研究有怎样的具体形态？

概念是反映对象的本质属性的思维形式。认知教学研究，如果仅从定义上理解，就难以真正把握教学研究，难以实现其价值。认知教学研究，我们必须要看到具体、可操作的研究活动或方式。

广义地看，具体的、可操作的教学研究活动，在教学中、在教师身上随时、随处存在。可以说，教学研究，就是教师学习思考、讨论交流与分析探究教学的活动。这么看，教学研究伴随教学活动而生；有教学，就必定有教学研究。因为任何老师开展任何教学，都一定会先阅读、理解教材，会想想应怎样教等问题。这样的阅读、理解与思考，就是教学研究活动。

但教师的学习思考、讨论交流与分析探究，也就是教师的教学研究，是有深浅之分，高低之别的。有些教师只是粗浅地读教材，简单地想教的是什么，想应怎样教，并没有准确把握教的是什么，并没有选择最恰当的方式教。而有些教师思考教的是什么，既弄明白了所教内容的内涵，也弄清楚了所教内容的重点、难点及在本学科中的地位；思考应怎样教，不仅对比了现有各种教学方法，而且在此基础上创新出

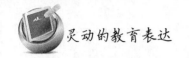

了符合教学实际的好方法。

教师粗浅、随意地想了想教学，是教学研究。但我们平常所说的教学研究，要比这样的研究更深刻些，一般是指教师有意识、有计划、有方法学习思考、讨论交流、分析探究教学。

教学研究有哪些主要方式？

教学研究要比较深刻，要有高的质量，必定会趋向规范、科学，必定会形成一定的研究方式或模式。教师研究教学的方式可以从不同的角度进行归纳，我认为，教师研究教学的方式大致有以下三种：

一是课题式研究：就是部分教师组成课题研究小组，一般还邀请专业教学研究人员参加，研究小组围绕一个主题有计划、有步骤地进行深入的研究，探寻教学对策，解决问题，形成理论观点。课题式研究可以是教学理论的研究，也可以是教学方法创新与实践经验的总结提升研究，它与其他教学研究方式相比，具有更深入、更规范、更科学、理论性更强、价值更大等特点。

二是问题式研究：就是针对教学中存在的问题，同事之间，或在专门的教研活动上，集思广益、共同研究解决的办法。例如，在学生自学课文后，老师说：同学们有什么收获？请把你的收获说给你的同学听听。可老师说完后，学生依然是听讲的姿势，并没有相互说收获，学生的学习活动没有开展起来。针对这样的学习实际，教师提出问题，例如，为什么会产生这样的状况？是学生不善于说？是学生不知道跟谁说？还是老师没有组织学生说？再与同事一起围绕这些问题进行思考探究，发现问题的症结，找到解决问题的方法。问题式研究着重解决教学中遇到的问题，具有即时性、独特性，需要同事，甚至教学专业研究人员、教学管理者共同参与。

三是反思式研究：就是教师对自己教学的实际、成败进行回顾、思考、总结。如一节课或一个单元教学结束后，针对自己的教学行为及学生的学习表现、学习效果写教学小结，理性地分析教学的成败，总结教学经验与教训，探索更好教学的方法与规律。反思式研究，一般是教师的自我研究，具有经常性、独立性等特点。

研究教学的动机是什么？

如果把教学研究当成一项深入的、高质量的学习思考、讨论交流与分析探究活动，那研究教学就一定是费时、费心、费力，甚至费财的一种活动。也就说，研究教学，需要教师付出。

这样就会遇到一个很大的、不可忽视的问题，但现实中，这个问题常被忽视。就是教师为什么要付出？教师研究教学的动机是什么？

动机是为实现一定目的而行动的原因。动机是个体的内在过程，行为是这种内在过程的表现。引起动机的内在条件是需要，引起动机的外在条件是诱因。诱因激发需要，就形成动机。

教师研究教学的内在需要又是什么？显然，教师研究教学的内在需要是通过教学研究促进学生全面发展和自我专业进步。那动机的诱因又是什么？也就是什么诱导教师产生要通过教学研究促进学生全面发展和自己的专业进步？

是工作报酬？也就是说教师通过教学研究促进了学生全面发展和自己的专业成长，就能够得到更好的报酬？在当前的现实中，这个问题的答案是否定的。一个教师所得的报酬是固定的，也就是说，不管教师研究了教学还是没有研究教学，其工作报酬是不变的。即使是奖励性报酬，也多与高的考试分数相关，与教学研究没有直接关系，而高的考试分数可以通过各种途径获得，其中有些途径并不需要教学研究，并非能促进学生全面发展与教师专业成长，如灌输式教学、如靠延长学习而所获得高分数的教学。

是诸如评优评先等精神奖励？现实中，精神奖励与教师所得的工作报酬基本一样，也多与高的考试分数相关，也就是谁教的学生取得了高的分数，就认定这样的教师是优秀教师。精神奖励与促进学生全面发展和教师的专业进步并没有紧密的关系，也不能成为教师研究教学的诱因。

研究教学的诱因，还可以是什么？是法律、政策规定教师必须研究教学？但教师法总则第三条规定："教师是履行教育教学职责的专业人员，承担教书育人，培养社会主义事业建设者和接班人、提高民族素质的使命。教师应当忠诚于人民的教

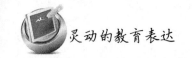

育事业。"第二章权利与义务规定："教师应当履行下列义务：（一）遵守宪法、法律和职业道德，为人师表；（二）贯彻国家的教育方针，遵守规章制度，执行学校的教学计划，履行教师聘约，完成教育教学工作任务；（三）对学生进行宪法所确定的基本原则的教育和爱国主义、民族团结的教育，法制教育以及思想品德、文化、科学技术教育，组织、带领学生开展有益的社会活动；（四）关心、爱护全体学生，尊重学生人格，促进学生在品德、智力、体质等方面全面发展；（五）制止有害于学生的行为或者其他侵犯学生合法权益的行为，批评和抵制有害于学生健康成长的现象；（六）不断提高思想政治觉悟和教育教学业务水平。"从教师法中的关键条文看，法律并没有直接规定教师有研究教学的职责与义务。

难以找到教师必须开展教学研究的法规，主管教育的领导往往不善罢甘休，常在各种各样的制度、方案、计划中要求教师开展教学研究。但现实中，这样的要求一般只停留在口头上或文件中，教师是否真真实实地开展了教学研究，领导很少去想法考证，很少去追究。同样，在实践中，也很少有学校把教学研究纳入到教师的工作量中，教师的工作量一般只包括教师所担任的管理工作、课程与课时，教师研究教学再多、再好，学校也不会把教师所做的研究工作转化为工作量。这样的做法，即使没有明说，但无误地告诉了老师，教学研究不是教学工作。所以，领导要求教师研究教学，也就不可能成为教师研究教学的诱因，相反，教师还会认为自己的本职工作是教学，研究教学想做就做，不想做就不做，学校要求自己开展教学研究，是增加自己的工作负担。

如果没法创设恰当的诱因，研究教学的内在需要就激发不起来，没有内在需要，教师也就产生不了研究教学的动机。

教学研究要在教师中普遍地开展起来，需要教学管理者重建教学管理的理念与实践，为教师创设研究教学的诱因。

教学研究的期待能否实现？

普遍地看，教师缺乏研究教学的动机，但教师研究教学从没停止过，总有许多教师在学习思考、讨论交流、分析探究教学，且研究成果不断涌现。

　　研究教学的教师，总有一种强烈的期待，总期待自己的教学越来越好，期待自己研究的成果能转化为教学实践。例如：期待管理者能够以教学研究的成果指导教学管理，期待管理者能在一定区域内推行研究创新的某种教学方法，期待管理者是伯乐，能把有教学思想与研究成果的教师提拔为教学管理者，以此推进教学研究，促进教师的专业进步。

　　但往往事与愿违，管理者并不重视教学研究所得的观点与方法，并不会以教学研究的成果作为指导自己管理教学的依据，一般不会把有教学研究能力与成果的教师提拔为教学管理者。

　　如果仅从表面看，或只站在教师、教学的立场，会认为教学管理者有许多不是。其实，不然。在现实的背景下，教学管理者并不等同于教学研究者，教学管理与教学研究并不是同一类工作，教学管理与教学研究之间，总存在一定的距离，总存在难以调和的矛盾。

　　教学研究以探求真知为目的、以学术话语为表达方式，追求的是理想；教学管理要解决的是现实中的教学问题，要保障教学平稳进行，要力求摆平各种现实利益。研究教学是探究要怎样才最好；管理教学是思考要如何才可行。研究教学是思考、批判，是求真；管理教学是平衡、和谐、完成任务。研究教学需要研究者有一颗纯净的心，教学管理者的心已历经风雨、八面玲珑。

　　如果能够挣脱利益的绑架，回归到教学的本源，教学管理与教学研究本是相辅相成的。但这只是一种理想，任何人，任何时候，都不可能完全消除教学管理与教学研究之间的距离与矛盾。

　　尊重教学管理与教学研究之间的距离与矛盾，不消极，仍努力，尽可能求得教学管理与教学研究的最大公约数、最大交集，教学管理才可能有效地促进教学的健康发展，教学研究才可能卓有成效。

专业的教学研究要怎样才能回归到教学实际中？

　　尽管教学研究的主体是教师，但专业的教学研究不可缺，它能够促进教学研究规范化、科学化，能够保障教学研究更深刻、更有质量。所以，教师研究教学要以

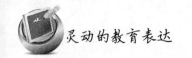

专业的教学研究人员为伴，专业的教学研究更要回归到教学实际中。

但现实中，专业的教学研究机构独立于学校之外，专业的教学研究人员，并非承担课堂教学的教师。专业教学研究机构的存在方式，固化着各方利益，专业的教学研究要回归到教学之中，注定将经历一个漫长的过程，甚至只能成为一种理想。

专业的教学研究回归到教学实际中，尽管困难，尽管可能只是理想，但它是专业的教学研究实现其价值的必经之路。为了走上这条路，专业的研究人员还是要有所作为。首先，专业的教学研究人员不要成为专职的教学研究人员，而要成为教学中的专业研究人员，这样，研究的对象才是自己有亲身体验的教学实际，研究才可能直接促进学生的全面发展与自己的专业进步；其次，专业的研究人员不要以专家自居，不要以指导为深入学校的工作方式，而要通过听课、评课、专题研讨等方式，与教师平等对话、交流、研究，在共同的研究中，与教师一起成长；最后，专业的研究人员要创造条件成为教学管理者，参与到教学管理之中，这样才可汇集强力，促进研究成果转化为教学实践，促进学生的全面成长和教师的专业进步。

执行课程计划的缘由、现状与出路

　　义务教育是培养学生全面素质的教育，是为学生的将来发展打基础的教育。为全面实施素质教育，落实义务教育，国家建构了义务教育课程体系，制订了义务教育课程计划。义务教育学校以国家的课程计划为依据，构建自己的课程计划，开展具体的教学实践，是有效实现素质教育的保障，是按国家的教育意志办学的体现。

　　这些观点，是否合理、正确？依国家的一些教育法规和某些教育专家的观点可以做出判断。

　　《国家中长期教育改革和发展规划纲要（2010—2020年）》要求：严格执行义务教育国家课程标准、教师资格标准。深化课程与教学方法改革，推行小班教学。配齐音乐、体育、美术等学科教师，开足开好规定课程。

　　《义务教育学校管理标准（试行）》要求，落实国家义务教育课程方案和课程标准，严格遵守国家关于教材、教辅管理的相关规定，确保国家课程全面实施。

　　《基础教育课程改革纲要（试行2001）》要求：学校在执行国家课程和地方课程的同时，应视当地社会、经济发展的具体情况，结合本校的传统和优势、学生的兴趣和需要，开发或选用适合本校的课程。

　　《教育部关于推进中小学教育质量综合评价改革的意见》要求：深化课程改革，推动中小学全面落实国家课程方案和课程标准，开齐开足课程，加强体育、艺术教育教学。强化实践育人功能，加强综合实践活动课程，组织开展丰富多彩的校园文化活动。

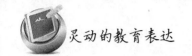

赵辉（《实施新课程 教师要具有现代意识》，发表于《教育科学研究》2003 年第 4 期）认为：上到国家课程计划，下到教师安排几分钟活动都是课程；从具体的某一活动来说，目标的确定、内容的选择与组织、实施与评价的过程就是课程。课程的实施过程与其说是老师复现文本的过程，不如说是教师与学生课程共创过程。课程改革表面上是改革教材，实质上是改造人。

刘月霞、马云鹏（《课程领导的"困"与"路"》，发表于《中国教育学刊》2015 年第 4 期）认为：校长和老师对于"课程管理者"提出的教育理念、课程政策、课程标准和课程目标要忠实地认同和执行，较少被赋予或享有进行课程调整、设计和开发的基本权利。

田慧生（《新课程标准修订的基本精神与主要特点》，发表于《中国教育学刊》2014 年第 11 期）认为：在课改的第一阶段，课程实施的基本要求是开足开齐课程。因为这是新课程改革的初始阶段，必须通过开足开齐课程的强制性要求才能够克服应试教育的影响，保证一些非考试学科的课程得以落实，让学生获得营养比较齐全的课程套餐。

段戴平、李广洲、倪娟（《课程一致性：方法比较、问题反思与本土化探寻》，发表于《中国教育学刊》2015 年第 6 期）认为：在课程视域中"课程 – 教学 – 评价"应该是三位一体的，三者之间的协调一致可以向师生传递明确的信息，有利于教学目标的达成，促进学生成就的发展。国内目前研究也主要集中在各类考试试卷与课程标准的一致性上，缺乏对课堂教学的一致性关照。

洪俊、张艳红（《中小学校本课程的发展：观念与对策》，发表于《科学教育研究》2003 年第 5 期）认为：国家课程反映了先进文化的发展趋势，体现了人类文明的最新成果，代表了社会成员的普遍要求，是我国中小学课程基础性和均衡性的基本保证。国家课程具有主导作用，代表着课程改革的方向。校本课程通常体现了一定地区经济文化发展的现实性要求，具有本土文化的特点。它着眼于本校办学特色的形成和学生个性发展的多样性需要，是增强我国中小学课程活力与弹性的重要形式。在课程缺乏活力与弹性的条件下，发展校本课程是课程改革的主要任务之一。

从上述教育法规与教育专家的观点，我们可以得到以下明确的认识：一是现阶段我国义务教育阶段课程体系由国家课程、地方课程与校本课程构成；二是学校必须严格执行国家或省颁课程计划，要开足开齐开好规定课程；三是学校要通过教学、校本课程开发等方式，优化、重构国家课程，构建符合实际与特色的学校课程体系。

实施义务教育，学校的职责是执行国家课程计划。

可是，我们的义务教育学校都按教育法规的要求执行了国家的课程计划吗？

不，几乎完全不。

为了了解义务教育学校执行省颁课程计划的实际情况，我深入部分义务教育学校调研。调研的结果是：没有一所学校严格按颁布的课程计划开课。

没按颁布的课程计划开课，主要原因有两个方面，一方面是学校的办学条件无法满足按颁布的课程计划开课的要求，另一方面是学校偏颇的主观认识造成了不按颁布的课程开课的现实。

学校的办学条件无法满足省颁课程计划开课的要求又分为两种情况：

一是学校的教学设备设施无法满足某些课程的教学要求。如有些学校由于要满足招生要求，曾经有的实验室都改成了教室，致使科学、音乐、美术等学科的教学无法开展；有些学校有实验室，但实验室的设备少，不能满足一个班所有学生的学习要求。

二是学校师资无法满足某些课程的教学要求。如一个中心小学 16 班，866 位学生，33 位老师（其中 11 位代课教师），学校很难把所需开设的课程分担给老师；一个村小 6 个班，10 位教师，其中没有一位老师懂美术教学，美术课也就形同虚设。

学校偏颇的主观认识造成不按省颁课程开课的现象分为以下几种情况：

一是学校不知道有一份义务教育课程计划。看到学校的课程安排与省颁课程计划不符时，我就问学校是依据什么安排学校课程的。教务主任说，是根据经验安排的，现在的课程安排方式是上一届教务主任传下来的，并说上一届教务主任的课程安排方式可能还是上上一届教务主任传下来的。

看到这里，肯定有人会问，教务主任所安排的课程不符合课程计划的要求，难道校长不追责吗？对不起，在调研中，还没碰到一位校长是清楚具体的课程计划的。当问起校长学校的课程计划是否落实，校长总是说，快把教务主任喊来，课表是他

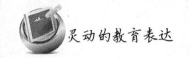

安排的。

二是不明确义务教育的课程体系的构成。当前，义务教育课程体系是由国家课程、地方课程、校本课程构成的。但在跟有些学校校长、教务主任交流时，他们往往不知道学校开设的课程哪些是国家课程，哪些是地方课程，哪些是校本课程；常把需要统考的语文、数学等课程称为国家课程，其他就称为地方课程或校本课程；常把上级要求开设的法制教育、禁毒教育、安全教育、武术教育、足球教育等称为地方课程。

三是校长或教务主任按个人意志安排课程。在有些校长、教务主任的眼里，往往没有法规，基于自己的个人意志安排学校课程。如认为《思想品德与社会》这门课程的内容太简单，没什么可教的，就把小学中低年级每周四个课时的《思想品德与社会》教学改为每周三课时；认为小学数学学习非常重要，每周四个课时，太少，就给小学数学教学增加三课时，变成每周七课时。

四是为了应付统考课程的教学，学校默许教师把甲课变成乙课。在某些学校，如果只看课表，学校基本上按课程计划安排了课表，但仔细分析课表或者不通知就去检查学校的教学，就会发现，音、体、美、科技活动、生命与健康等课程被教师改成了语文、数学等需要考试学科。因为音、体、美等课程都分配给了语文或数学教师，学校在课表上没明说，但潜在的意思却是语文、数学等老师可以把音、体、美等学科的教学改成语文、数学等学科的教学。实际上，语文、数学老师也确实是这么做的。

五是学校没有效管理教师执行课程计划的实际。学校按课程计划安排了课表，只能说从形式上、表面上开齐开足了课程，是否真正开齐开足了课程，还得看教师是否真实地按课程计划、课程标准进行了教学。教师要有效执行课程计划，自觉性是重要的，但学校对教师教学的过程管理更重要。实践中，大部分学校很少对教师的教学过程进行管理，有管理的也往往是形式。如学校安排了相关人员巡课，但巡课者往往只是偶尔看看教室是不是有教师上课，学生是不是有严重破坏纪律的行为，至于教师是否按学校的课程安排表上课，是否把一节体育课改成了语文课，是否把一节生命与健康课改成了数学课，教师是否遵循课程标准教学，管理者一般不过问。

甚至，在许多学校或校长那里，还把某些学科教师抢音乐、体育、美术等课程的教学时间，作为学校教师思想品德好、勤奋努力、教风正来鼓励、宣传。

既然执行国家的课程计划、开齐开足开好课程是每个教育管理者、每个校长、每个教师的职责，那么不了解课程计划、不按课程计划开课、不按课程要求教学的行为就不正确，需要及时改正。

怎样才能纠正这些行为？落实课程计划的出路何在？

要找到这些问题的准确答案，很难。但为了尽可能地落实课程计划，教育管理者、校长、教师，至少也要做好以下几方面的工作。

一要有办素质教育的思想。当前，我国的教育方针：坚持教育为社会主义现代化建设服务、为人民服务，把立德、树人作为教育的根本任务，全面实施素质教育，培养德智体美全面发展的社会主义建设者和接班人，努力办好人民满意的教育。

这说明，全面实施素质教育是义务教育的根本目标，办素质教育，应成为教育管理者、校长、教师办学的基本思想。

有了办素质教育的思想，教育管理者、校长、教师才可能有课程意识，才可能执行国家的课程计划，才可能建设全面实施素养教育的学校课程体系，才可能在教学过程中坚持促进学生的全面素质发展，才可能意识到自己没有能力创设以素质教育为目标的课程体系时，严格执行国家的课程计划是学校基本落实素质教育的保障。

如果学校的办学只是为了帮助学生在考试中获得好成绩，只是为利用办学来获得更多的利益，那么教师肯定会忽视某些学科的教学，就会考什么就教什么，就不会严格执行课程计划，就不会顾及学生的全面健康成长。

如何才能有办素质教育的思想？如何才能坚持以办素质教育的思想指导教育教学实践？教育管理者、校长、教师的专业素养、责任感是根本，专业部门对课程实施的有力督导与评价是保障，社会不拘一格选择人才的方式是素质教育思想生存的环境。

二要树立课程意识。课程意识是教师对课程系统的基本认识，是对课程设计与实施的基本反映。它包括对课程本质、结构与功能、特定课程的性质与价值、课程目标、课程内容、课程的学习活动方式、课程评价，以及课程设计与课程实施等方面的基

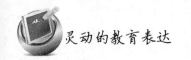

本看法、核心理念，以及在课程实施中的指导思想。课程意识本质上就是教师教育行为中隐含的"课程哲学"，是课程实施过程中的课程观与方法论。

具体而言，树立课程意识，首先要知道课程是什么。课程是教师、学生、教材、环境四个因素整合，课程是独特的且永远变化的。课程不仅仅有文本课程，更有体验课程；课程不仅是知识的载体，也是教师和学生共同探求新知识的过程。其次要理解课程体系的构成。我们国家实行"三级课程管理"制度，地方和学校在课程管理体制中的主体地位突显。学校、教师不是课程简单被动的执行者，而是允许"创造性落实国家课程方案"，地方和学校可以根据当地政治、经济、文化、民族等发展善以及学校的特色、优势、学生需要等，决策如何把国家课程方案转化成具有一定地方和学校适应性的有效课程实施方案。再次要理解课程存在的价值。有课程，才有教学，才有教学方法的变革。课程既是整个教育大厦的基础，也是整体教学大厦的本身。最后要有校本活动课程化的意识。课程是一个有计划、有内容、有过程、有评价的统一体。学校许多活动往往是孤立的、随意的、不留痕迹的，如晨会讲话、歌唱比赛、班会活动等。把校本活动课程化就是要把平常这些活动变成有计划、有内容、有过程、有评价的一个过程，把相关类似的活动整合成一个统一的整体。如"某校统筹设计学法指导系列课程，与国家课程、地方课程融为一体，并在学校层面全面推行。学法指导系列课程包括：学法指导专题讨论、学法指导校本课程、渗透式学法指导、学法指导主题班会、心理疏导类课程、学法指导个案诊断等。"（万胜明、王丽华、刘帅、穆闫琨发表于 2015 年第 3 期《中国教育学刊》的《学法指导课程化的路径探析——以九年一贯制学校 N 校为例》）。

有了课程意识,教育管理者、校长、教师才可能形成课程领导力、管理力与执行力,才可能严格执行课程计划,才可能建立学校的课程体系,才可能想法实现课程的价值。

三要严格督查学校、教师执行课程计划的实际。这可以分两个层面来说：第一，是教育行政或教育督导部门要对学校执行国家课程计划有明确的认识，把学校严格执行国家课程计划作为学校办学的底线。第二，是学校要加强教师教学过程的检查与评价，保障课程计划的有效落实。学校要成立有评价能力的课堂教学评价小组，采取巡查、电子监控等方式如实了解教师的教学过程，了解教师是否按课程计划进行了教学，教师的教学是否符合学校所制定的教学规范。采取钢性的措施理直气壮地严查不执行课程计划的现象。要坚决解聘不执行国家课程计划的校长与教师。

四要探索落实课程计划的办法。国家的课程计划，或者说省颁的课程计划，面向的是一个很大区域内的学校，对于学校个体而言，肯定存在计划难以落实的问题。如对于许多农村学校来说，师资数量少，师资结构不合理，有些课程就难以落实。又如有些学校许多学生是留守儿童，家庭教育缺失，学习基础差，小学生每周学习四个课时的数学，难有好的成效等。

面对这些实际问题，教育管理部门或学校不能由于教学实际与落实国家的课程计划有些距离，就改变国家计划。如教师数量少，就少上课；某些学科教师缺失，就不开设这些课程。国家的课程体系是办素质教育的基本保障。不落实国家的课程计划，就无法对学生进行素质教育。哪一个学校的学生都是一样的学生，打工者的孩子也是一样的孩子，学校有责任对他们进行一样的素质教育。

面对这些实际问题，教育管理者、学校、教师正确的态度与行动是研究探索方法执行国家课程计划、办素质教育的方法。如教育行政部门要多招聘教师，从数量上、质量上保障学校课程计划的落实；师资培训部门要多培养全科型教师，保障学校规范，特别是农村小学落实课程计划；要创新学校教师的管理办法，如把学校教师变成学区教师，在一个区域内统一调配教师；要加强教师管理，改变教师不良的工作习惯与思想，增强教师实施素质教育、落实课程计划的使命感。在某些学校，教师不良的工作习惯与思想是课程计划难以实现的根本原因。例如，在有些学校，教师平均工作量还不到十二个课时，教师却总是提意见，说工作任务太重，不愿承担相关课程的教学，校长为了和谐，就请来代课教师，减轻这些有意见教师的工作。这样一来，学校教师就形成了拈轻怕重、尽可能少上课的习惯与思想。这种习惯与思想一养成，即使学校的平均工作只有八个课时，教师也会提意见，说工作负担太重，甚至直接想办法请假，学校不得不又请代课老师。造成这种局面的根本原因，是教师的管理体制存在问题，是学校对教师的管理不到位。如果这种局面继续存在，行政部门再多招聘教师，有些课程还是没有人教，课程的实施还是没有质量。

五要提高构建学校课程体系的能力。开足、开齐课程是国家对学校的强制性要求，

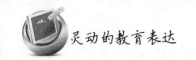
是克服应试教育影响，保证一些非高考学科的教学得以落实，让学生获得营养比较齐全的课程套餐的保证，也是学校办学的一个底线。

但国家的课程计划是一个一般的标准，一个统一的要求，要让国家的课程计划变成教育教学实际，学校必须对国家课程计划进行解构、完善，使它成为学校的课程计划。

构建学校课程体系，"一要实施国家课程，学校以《纲要》基本精神为指导思想，从自身实际出发，将国家层面上设计和制定的具有共性要求的书面的学习经验，转变成符合本校学生特征、适应学生发展需要的实践的学习体验。二要实施学校课程，学校根据当地可供开发的教学资源的实际情况，结合本校和当地开发教学资源的实际情况，结合本校和当地开发教学资源的能力、学生的兴趣、爱好和发展需要，开发（或选用）、实施适合本校的课程。三要建设课程资源，开发并合理利用校内外各种课程资源，为课程建设服务，为老师发展服务，为学生发展服务。四要探索评价方法。"（徐伯钧发表于 2015 年第 9 期《中国教育学刊》的《普通高中新课程实施中的异化现象令人担忧》）。

如果进一步解放思想，改革创新，则可突破国家课程、地方课程和校本课程以及学科类课程和活动类课程的壁垒，在课程整合维度上探索学校的课程规划与设计；创造性地达成国家制定的各学科课程标准要求，对有关学科中意义相关的内容进行统整，避免学科课程间相关内容的简单重复，增强课程的纵横联系，提高课程实效，减轻学生负担，为学生的发展提供更多时间和空间。

"权力的关键是能力，离开个体的能力，权力无从谈起，也无实现的可能'赋权'的前提下要为'增能'提供支持，切实提升校长和老师的课程领导能力，形成专业共同体，积累实践智慧，改革的深化才能得以实现。"（刘月霞、马云鹏发表于 2015 年第 4 期《中国教育学刊》的《课程领导的"困"与"路"》）。

这说明，要有效开发与实施课程，教育管理者、校长、教师必须提高课程的专业素养与建设课程的能力。

六要改革课程实施的评价。评价是促进教育管理者、校长、教师执行课程计划的动力。可以说，有怎样的评价，就有怎样的课程实施现状。对学生的整个人生而言，教育的根本目的是要促进学生全面素质的发展。素质全面而高的人，更大程度是一个对社会有益的人，是一个拥有美好生活的人。但从事教育教学的相关人员，不可能脱离教育评价而存在。考什么就教什么，往往是教育教学工作者的不二选择。

现在的课程实施评价，往往只是对那些所谓重要的，或者容易开展书面考试的课程进行评价，如语、数、外等学科，而忽视对其他一些课程的评价，如思想品德、音、体、美等学科。

改革课程实施评价，一要坚持对所开设的课程进行评价。不管是国家课程、地方课程，还是校本课程，只要开设了，就要对它的实施作出评价。二要探索课程实施的评价方法。像语问、数学、外语等课程，运用书面检测的方法能够比较准确地评价其实施效果，而像思想品德、音乐、美术、科技活动等学科就必须探索另外的方式了。三是要对照课程标准评价课程实施的效果。课程标准，是课程实施要达到的基本要求，依据课程标准评价课程实施，是教师真正落实课程计划的保障。例如，只以书面检测的方式评价物理学科的教学，教师就会忽视实验、操作教学。在这样的评价指引下，教师的物理教学，就没有真正落实课程计划。

评价课程实施，方法不能单一，不能避难就易，不能有选择性地放弃，而应全面评价，综合运用各种不同的方式进行评价。

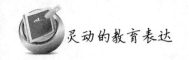

弱者易病

强者茁壮，弱者易病。这是常理。

尽管农村小学支撑着学校教育的大半边天，但农村小学仍是弱者，弱者易生各种各样的问题。这些问题的存在阻碍着农村小学教育的发展。

教学不主动

农村小学的许多教师，或是由于年轻，或是由于被支教，或是由于被条件好的学校处理，不得已来到农村小学。到学校后，教学没有激情，没有主动性，很少钻研教材、教法，浏览一下教材就上课，配套了什么教辅，就按教辅上的编排布置作业，配套了什么样的测试卷就用什么样的测试卷检测学生的学习效果，满足于完成承担的教学任务时，至于教辅、测试卷是否符合学情，至于自己的教学是否有效，学生是否健康成长，都不关自己的事。

实事求是地说，教师到农村小学工作，要经历许多艰辛，要克服城区学校教师难以想象的困难，为农村的孩子有学上，为农村小学的正常运转付出了很多。但是，如果农村小学教师教学没有主动性，不把自己的教学当回事，完成自己承担的教学课时就了事，那自己先前的付出就没有了好的成效、没有了价值，把一件付出了艰辛的事变成了一件非常遗憾的事。

教师教学没有主动性，学校的房子建设得再好，管理教师的方式再多，教学都不可能有好的质量，学生的利益也得不到保障。教师只有主动地教学，才可能全身心投入教学，才可能学习教学、研究教学、解决教学中遇到的问题，教学才可能更有效。从这个角度看，激发农村小学教师教学的主动性，是摆在教育管理者面前的首要问题。

提高农村小学教师的教学主动性，首先教师要自主修炼、提升思想境界。最重要的是要唤醒自己的良知，用心关爱自己所教的学生，把自己所教的学生当成宝、当成自己的孩子；要牢记自己的责任，要心怀敬畏地、谨小慎微地、准确地把握好每一门课，备好每一次课，上好每一堂课。

其次，教育管理部门不要边沿化农村小学，相反，要加大对农村小学的投入，改善农村小学教师的生活条件，更多地为农村小学教师创造参与教学活动的机会，更多地指导农村小学教师的教学。教育管理者把农村小学当回事，农村小学教师一定会把自己的学校当回事；教育管理者把农村小学教师当回事，农村小学教师也一定会把自己的教学当回事。

再次，要加强对农村小学教师的管理，如果由于农村小学地处偏远，而懒于管理，或者由于农村小学规模小，而认为没有管理价值；或者由于农村小学教师工作不容易，认为他们能够在农村小学工作已不错了，而放松对农村小学教师的管理，那久而久之，农村小学教师就会养成散漫、不用心的作风，教师的教学就会不讲规则，自然就会丧失教学的主动性。

教学行为不规范

办学是有规范的，如要以《教育法》《教师法》《未成年人保护法》等法律办学，要按国家的课程计划开课等。教学也是有规范的，如教师要按作息时间工作，要按课表上课，课堂教学要有基本的流程等。

但在农村小学，许多教师的教学不规范。例如，一位老师教某班的语文课，同时还担任这个班的音乐、美术，或安全教育等校本课程，由于除语文之外，所担任的其他课程都不考试，教师就随意地把所担任的其他课程都变成语文课。又如，一节思想品德课，老师或者认为学习内容太简单，或者由于其他原因，只交待学生自己看书，不组织学生学习，自己坐在讲台上做其他的事，学生是否真的在看书，还是在做其他什么，教师都不理会，一节课的教学，就像放一群羊在山坡上。

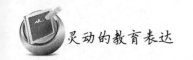
教师的教学行为不规范是农村小学的一个突出问题。规范了教师的教学行为，才可谈教学创新，才可谈探索提高教学质量的途径。

规范教学行为，首先，教师要提高依法、依规教学的意识。依法、依规教学是一个教师的工作底线，突破这个底线，就是不称职。同时教师还要意识到，教学的根本目标是全面提升学生的素质，促进学生的健康成长。一个教师不要为了自己的教学更简单、更轻松、更随意，或者能在考试中获得好的成绩，而违规违法，做有损学生健康成长的事。

其次，要提高教师的教学能力。教师把一节本该上美术的课变成语文课，很可能是这位教师没有教美术的能力，不得不把美术课变成语文课。教师教学没有章法，很可能是这位教师还不知道怎么教学。有了较高的教学能力，教师的教学才可能规范。遵行规范，需要能力。所以，教育管理者要加强对教师的培训，提高小学教师的教学能力，特别是要提高小学教师教多门学科的能力，把小学教师打造成全科型教师。

最后，教育管理者要加强监管。各级教育管理部门都有监管教师的责任，但监管教师的主要责任在学校。学校要通过巡课等方式，督促教师按所开设的课程上课，督促教师规范、有效地完成每一节课的教学，杜绝随意改变课程的现象，杜绝上课随意、浪费教学时间的现象。同时，上级教育管理部门对不开足、不开齐、不按课表上课、随意上课的现象要严加处罚。有些学校、教师总把要应付考试、应付评价，作为不开足课程、不按课程计划上课的理由。考试是应有的，评价是必需的，依法依规教学，更是必须遵守的底线。教学必须从这条底线出发，然后去帮助学生应付考试，取得好的教学成绩，违背法规的教学是不可原谅的教学。

教授多门学科的能力薄弱

农村小学一个典型特点，就是学生少，教师少，班级多，课程多。例如一个80位学生的小学，6个年级，6个班级，9位教师，14门课，一周172节课，每位教师一周大约要上20节课。

在这样的背景下，一个教语文的教师，不能只教语文，他肯定还要教英语、思想品德、音乐或其他各种各样的校本课程，教这些课程更多时候并不是教师自己的选择，而是不得不接受的任务。这样一来，如果这位教语文的教师没有教音乐的能力，学生的音乐课就可能会变成语文课，学生的音乐教育就会缺失。

显然，这样的教学不利于学生的全面健康成长，损害了学生的利益。怎么办？最好的办法，是为农村小学配齐配足专业教师。但农村小学规模小，在当前的经济条件下，一个农村小学要拥有语文、数学、英语、科学、品德社会、音乐、体育、美术等各学科的专业教师，几乎不可能。当然也可以区域内几所学校共用某一学科的专业教师，保障这几所学校能开好这一学科，但这样做困难多、成本大。其实，最切实际的、能保障农村小学开足开齐课程的办法是提高农村小学教师教学多门学科的能力，让农村小学教师成为复合型教学人才。

要提高农村小学教师教学多门学科的能力，农村小学教师要成为全科型教学人才，首先，要提高农村小学教师教学多门学科的意识。认识到担任多门学科的教学是农村小学教师的工作特点，胜任多门学科的教学是自己的职责。有了这种意识，教师才不会埋怨，才不会把自己担任的某些学科的教学不当回事，才会主动地想办法提高自己教学多门学科的能力。

其次，教育管理部门要组织教师进行培训，如定期组织音乐、美术、体育、科学及有关校本课程等学科的教学培训，提高农村小学教师教学这些学科的能力。

最后，教学管理部门要加强各类课程的教学过程管理，要督促学校按课程计划开齐开足课程，督促教师按课表计划教学，督促教师教好自己所担任的每一门学科，通过对教学过程的管理，促使教师重视所担任的学科教学，进而达到提高教师教学多门学科的能力。

缺乏教学研究

这里谈及的教学研究，是指学习、思考、探究教学。

深入农村小学，我们发现大部分农村小学的教师只是各教各的书，各自摸着自己的石头过河，各自封闭在自己的教学状态与方式之中，至于他人有怎样的工作方式与精神，有怎样的教学理念与方法，自己不知道，自己对教材的解读是否准确，所运用的教学方法是否恰当，自己也没思考过。教师满足于完成所担任的教学课时，几乎不学习、思考教学；学校满足于每节课有教师教学，几乎不组织教学研究活动。

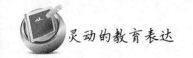
农村小学，几乎没有教学研究。

农村小学形成这样的教学研究现状，与教育管理者、教师的作为有关，也与农村小学的办学条件有关。农村小学办学条件简陋、经济条件差，许多教学研究活动无法开展起来。农村小学教师少，教师担任的教学任务多，且随着经济水平的提高，住校的教师越来越少，教师一般早去晚归，很少有时间研究教学。有关部门组织的教学研究活动，一般只要求城区或办学水平高或办学规模大的学校的教师参加，农村小学教师很少有机会参加教学研究活动，即使有机会参加，又由于学校教师少，某个教师一走，有些班级就没教师上课，也就不可能参加。农村小学的班级少，同科教师少，教学时教师各有各的教学工作，课余时又各回各家，教师有时碰到难以解决的问题，想与同事讨论交流，却没有交流探讨的对象。

教学，是一个需要学习、思考、探究的活儿，教学质量的高低决定于教师对教学的学习、思考、探究的程度，有研究的教学才可能是正确的教学、高效的教学，研究教学是教师实施良好教学的前提。农村小学规模再小、办学条件再落后、教师工作再辛苦，也不能成为教师随便应付教学的理由，也不能成为教师不学习、不思考、不探究教学的理由。农村小学的教学需要研究，甚至比城区学校或办学水平高的学校更需要研究。

农村小学教师如何开展教学研究，或者如何组织农村小学教师开展教学研究，是摆在教学管理者与教师面前的重要课题。通过调研了解，本人认为通过激发教师的自主性、公开课教学、利用各种媒体上的教学资源、闲聊、教学改革、建立教学论坛、走出去培训学习、多校联合、专家指导、送课到校等方式研究教学是比较适合于农村小学的。要促进农村小学研究教学，首先要提高农村小学教师教学研究的意识与能力；其次要加大投入改造农村小学的办学条件，为农村小学开展教学研究打下物质基础；再次要加强引导，让农村小学把握教学研究的方向与方法；再有要创新教研活动，为农村小学开展教学研究搭建合适的平台。

这些问题的存在，显示的不只是农村小学的贫弱多病，显示的是整个教育的贫弱多病。教育的强盛，是社会强盛之根。要强大农村小学教育，贫弱者确实当自强，但这个社会更应尽可能给予农村小学教育以营养、以帮助！

农村小学的教学研究有哪些方式

有研究的教学才可能是正确的、高效的、有质量的教学，研究教学是教师实施良好教学的前提。尽管一所农村小学的规模小，但农村小学的数量不少，在农村小学就读的学生不少，农村小学更需要有好的教学，更需要有教学研究。但农村小学研究教学的现状不容乐观。

深入农村小学，我们发现大部分农村小学教师各教各的书，各自摸着自己的石头过河，各自封闭在自己的教学状态与教学方式之中，至于他人有怎样的工作方式与精神，有怎样的教学理念与方法，自己不知道。自己对教材的解读是否准确，所运用的教学方法是否恰当，自己也很少思考过。教师满足于完成所担任的教学课时，几乎不学习、不思考教学；学校满足于每节课有教师教学，几乎不组织教学研究活动。总体而言，农村小学，几乎没有教学研究。

农村小学形成这样的教学研究现状，与教育管理者、教师的作为有关，也与农村小学的办学条件相关。但农村小学规模再小、办学条件再落后、教师工作再辛苦，也不能成为教师随便应付教学的理由，也不能成为教师不学习、不思考、不探究教学的理由。农村小学的教学需要研究，甚至比城区学校或办学水平高的学校更需要研究。

班级少、学生少、教师少、工作任务重、办学条件相对落后，是农村小学的实际情况，农村小学的教学研究必须与农村小学的实际相适应。以下这些教学研究方法，比较适合于农村小学。

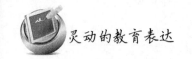
灵动的教育表达

通过激发教师的自主性研究教学。这是一种学校采取措施，激发教师的主动性，促进教师主动地研究教学的方式。主动的研究，才是真正的研究、有效的研究。教师主动地研究教学，是农村小学最需要的教学研究方式；因为这种研究方式，不受学校规模的大小、工作任务的轻重的影响。但现实中，很少有教师能主动研究教学，更多的教师没有研究教学的主动性。这说明，教师研究教学的主动性需要引导与督促，教育主管部门或学校要为教师拓展学习教学的途径（如为教师购买教育教学书籍与影像资料等），要为教师搭建教学研究平台（如举办读书比赛、教学设计比赛、论文评比等），要树立研究教学的榜样（如评选教学能手、课改之星等）。通过引导与督促，让研究教学成为教师工作的内容，成为教师的工作习惯和生活习惯。

通过公开课研究教学。这是一种某学科教师上课，同科教师或没课的教师听课，听课后，再一起评课研讨的教学研究方式。这种研究在大规模学校很容易组织；但在农村小学，就不那么简单，常会遇到一些看似难以解决的困难。因为农村小学教师少，如果不对课表进行特殊处理，上公开课时，学校的其他教师就不可能来听课研讨。农村小学开展公开课研讨活动，必须有计划地设计课表。对于规模更小的学校，如一个学校只有三个年级、三个班、四位教师，学校要开展公开课研究活动，就只有在正常的教学时间之外，单独设置公开课研究时间。

利用各种媒体的教学资源研究教学。这一种利用书籍、录像、网络等媒体上的教学案例、专家讲座、优质课进行学习与研究的教学研究方式。这种研究成本低，组织比较方便，很适合农村小学。研究可以利用每周的业务学习时间进行，也可以要求教师灵活运用空闲时间进行。媒体上的教学资源丰富、质量高，有利于教师开阔视野，领会到优质的教学思想与方法。农村小学地处偏远地区，农村教师要开阔视野、身临优质的教学思想与实践中，很不容易；利用各种媒体上的教学资源开展教学研究，是农村教师研究教学、提高教育教学水平的重要途径。

通过闲聊研究教学。这是一种教师通过课余时间，交流教学体会、研讨教学问题的研究方式。课余时间的闲聊，一般不被关注；但对于小规模的农村小学，教师的课余时间闲聊却是教学研究的好机会。因为农村小学规模小，教师的教学任务重，正常的教学时间里各有各的工作，只有课余时才可能与同事聊到教学的体会与问题。

当然，教师课余的闲聊并不一定会聊教学，要促进教师在课余聊教学，作为学校的管理者，特别是校长，要有所作为。例如：有意识地与教师聊教学，力求在学校营造一种有体会就交流、有问题就研究、有收获就分享的工作氛围；建立集体办公制度，把学科教师聚集在一起，教师一起办公，有问题自然会讨论，有体会自然会交流，有收获自然会分享，通过管理达到教师课余研究教学的目的。

通过教学改革研究教学。这是一种学校以推进某项教学改革为抓手，促使教师研究教学的方式。例如：某小学改革教学案的设计方式，要求教师按"情境激趣——自主学习——合作探究——展示提升——当堂检测"的流程设计教学案；教师要设计出符合要求的教案，就必须思考如何设计能激发学习兴趣的教学情境，如何设计自主学习、合作探究、展示提升、当堂检测等内容。这样的研究，由学校启动，统一规划，教师可合作研究，也可单独研究，比较适用于农村小学。

通过建立教学论坛研究教学。这是一种学校建立教学论坛，某位教师围绕一定的教育教学主题在论坛上发表演讲，参与论坛的教师开展研究讨论的方式。这种教学研究方式已在规模大、办学水平高的学校运用普遍。其实，这样的研究在农村小学也可以开展，只是由于农村小学规模小、教师少，农村小学要经常性地开展这样的研究，每位教师都要当论坛主讲人，同时，由于教学时间内绝大部分教师都有自己的教学工作，论坛开展的时间只能在课外。

通过走出去的方式研究教学。这是一种教师通过去校外观摩、学习、考察，研究教学的方式。这是目前最流行的一种教学研究方式。如组织教师参加培训，组织教师去样板学校参观、学习等。但对于农村小学来说，这种教学研究方式很难实现。因为农村小学规模小、教师少，一个萝卜一个坑，教师几乎没有去校外参观、学习的可能性。但走出去观摩、学习、考察，教师可以开阔眼界，拓展思维，可以体会到不一样的教学环境，了解不一样的教学思想与方法。尽管农村小学教师走出，很困难，但不管是学校，还是教师，都要高度重视教师外去学习、考察的机会。如果有机会，学校一定要主动帮助教师调整课程，在不影响学生学习的前提下，力争把教师送出去学习、考察、研究。

通过多校联合研究教学。这是一种几个学校联合在一起研究教学的方式。农村

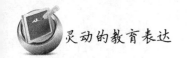

小学规模小，一个学校很难营造教学研究的氛围，很难有效地开展教学研究。如果几个层次相同的学校联合起来，形成联盟体或集团，就可以突破单个农村小学开展教学研究的局限性。联合教研，可以激发教师的活力、开阔教师的视野、充分利用好各校的教研资源、促进教师之间的感情交流。学校联合的方式，可以是乡镇内的几个农村小学联合，也可以是一定区域内几个志同道合的学校联合。联合教研要顺利开展，联合体内要有领头的学校，要有联合教研的规划，学校的管理也要有一定的统一性。

通过专家指导研究教学。这是一种教育教学专家来学校与教师一起研究教学的方式。专家来校指导，能为教师带来新的教学思想与方法，能让教师明确教学研究的方向与方法，能提高教师教学与研究的有效性。这种研究方式，既不影响学校正常的教学秩序，又能保障教学研究的质量，是农村小学最需要的。但由于农村小学地处偏远，教育教学专家来农村小学指导研究，需要专家要以提高农村教师教学水平为己任，要有为农村学校服务的思想，需要教育管理部门重视农村小学的教学，在人、财、物等方面给予专家来校指导大力支持，且为专家来农村小学指导搭建好平台。

通过送课到校研究教学。这是一种部门组织优秀教师送课到农村小学，农村小学教师通过学习、反思研究教学的方式。优秀教师送课到校，不只给农村小学教师带来了新的教学思想与方法，更重要的是为农村小学教师树立了专业发展的榜样。这种教学研究方式与专家指导研究一样，既能保障学校的正常教学秩序，又能保障教学研究的质量，也是农村小学最需要的。经常、有效开展这种教学研究，主要责任在于教育管理部门，教育管理部门既要不断发掘、培养优秀教师，在人、财、物上给予优秀教师提供大力支持，而且要精心组织，创新优秀教师送教活动。

写教育论文是这么一回事

教育论文是什么？

论文是讨论或研究某种问题的文章（《现代汉语词典》）。依此，教育论文可以定义为讨论或研究某种教育问题的文章，它的外延是文章，其内涵是讨论或研究教育问题。

教育论文，是一种说理文章，"讨论"和"研究"是教育论文的本质，但说理的教育论文也可以有情节、故事与真情。

专家、学者一般把论文分为两类：科研论文与学术论文。不过，根据我的写作经验与认知，我认为教育论文应分为三类。

第一类是教育科研论文。如对某个教育问题进行调查研究，写成的调查报告；对某个教育问题进行科学实验，写成的实验报告；对某个教育问题进行专题研究，写成的研究报告；对某项教育经验进行总结，写成的经验报告。

这类论文的共同特征是有明确的研究对象、研究过程和研究目标。通过测量、数据统计、事例旁证等进行定性定量分析是这类论文常用的写作方法。

教育科研论文，不是一般记叙文、散文，它有一定的格式。如写一个课题研究报告，就必须写研究的背景、国内外研究综述、理论依据、研究的意义、研究的目标、研究的内容、研究的方法、研究的过程、研究的成果、研究的成效以及努力的方向等内容。

第二类是教育学术论文。这类论文是描述教育科学研究或教育科学研究成果的文章。它是对某个教育问题尚未进行实验或实践时，依赖某种理论或查阅文献资料，在理论上进行构想、探索，提出策略性思考的文章。

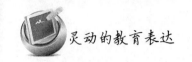

学术论文不像研究报告要按规定的内容写，但写学术论文也需要规范，如要写摘要、要写关键词，要写参考文献，各级标题、文中所用序号要符合所规定的要求等。

写作学术论文需要深厚的理论基础，写作科研论文需要经历科学的实验与研究过程。对于一个普通教师来说，不管是写作学术论文，还是写作科研论文，都不容易。所以，我更喜欢自己认定的第三类教育论文，也常写作自己所认定的第三类教育论文。

第三类是教育实践论文。这类论文就是对教育实践活动进行设计或对实践活动进行思辨性思考的文章，如教学设计方案（常简称教案、导学案等）、教育教学反思、教育教学案例、教育教学随笔等。

教学设计方案是教师几乎每天要做的工作，教育教学反思是每个教师有意或无意的经历，教育教学案例是发生在教师身上的故事，教育教学随笔是最自由、随性的写作。所以，教师能写的是教育实践论文，最需要写好的是教育实践论文，常写的也是教育实践论文。

一般来说，论文就是议论文，但从论文的外延看，并不是这样。论文只是讨论或研究某种问题的文章，散文、记叙文、说明文、诗歌中也可以讨论或研究某种教育问题。所以，论文可以是议论文，也可以是散文、记叙文、说明文，甚至诗歌。

文体，只是装载教育实践与思考的媒介。只要对教育问题进行了讨论与研究，任何形式的文章都可以称为论文。

从以上的分析看，写论文，无非就是按一定格式写一个研究报告，就是按一定规范写一篇论说文，就是记叙一个教育事件，就是议论一个教育观，就是在真情的诗歌或优美的散文中表达深刻的教育思考。

其实，知道这些还不够，知道这些，不一定会写作教育论文，不一定能写好教育论文，因为写教育论文还是这么一件事：

一是浸染着真情的事。

教育论文可以有散文的随意，也可以有诗歌的优美，但教育论文不可缺的是真的教育事实、真的思考、真的写作情怀。

真的教育事实，包含两个方面的意思：一方面是论文中所引用的教育案例应是真实的，最好是写作者自己所经历的教育事实，而不是他人口头或文章中所介绍的教育事实，亲历的教育事实才有真切的体会，才有温度，才让人感到亲切；另一方面是论文中所阐述的观点要能指导真实的教育实践，若不能指导真实的教育实践，观点修饰得再美好，教育论文也只是一片空虚、一张废纸，没有价值。

真的思考，就是说教育论文中所阐述的观点应是写作者自己的思考，而不是他人的思考。写作论文可以用他人的观点来佐证自己的思考，但绝不能把他人的观点当成自己的思考。当然，论文中阐述的观点也不能只是一些大家耳熟能详的观点。真思考，是别具一格的、深邃的思考。对于同事、朋友或某类人群所写的教育论文，只要读者用心读，就一定会知道其中是否有真的思考。

真的写作情怀，是写作者发现了真的教育事实，有了真的思考，就不辞辛苦地搜集相关资料与理论依据，就心无旁骛地思考，就安静而充满激情地写作，就不厌其烦地对所写论文进行反复雕琢，直至完美无缺。

浸染着真情，写作教育论文，才可以有真正的教育论文写作，才可以写出好的教育教学论文。

二是熟能生巧的事。

写文章，并非每一个人都喜欢，都愿意，都能写。写教育论文，对于一个从不写教育论文的人来说，是件难事；对于一个经常写教育论文的人来说，却是件易事。这说明，写教育论文是一件熟能生巧的事。

巧是熟的结果，熟能生巧的关键是熟。那写作教育论文应熟什么？

应熟知文化，应熟知教育，应熟知写作。

物质的繁华总会消失，繁华消失，剩下的就是文化。文化，有如气候，气候决定万物的生长。不熟知文化，不切合文化，所下的种就可能不会发芽，所开的花就可能不会结果。

作为一个教师，写作教育论文，不能只是熟知教材、学生与教法，而一定深知所处的文化。我们一定要熟知儒释道等传统文化，要熟知现代心理学，要熟知管理学理论。文化，是教育论文写作的根基；根基深厚，一个人才能站得高望得远，才能别出心裁，才能卓有成效。

应熟知教育，就是要熟知人的生长规律，熟知教育规律，熟教育实际，熟知国

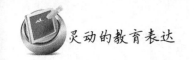

家对教育的要求，熟知课程标准，熟知教材，熟知教育方法，熟知传统教育观点与现代教育理论的联系与区别。

熟知教育，心中就有了写作的素材、写作的依据、写作的方向。这是写作教育论文的前提。熟知了教育事实，透彻理解了教育，写作者对教育才可能有深邃的思考，才可能写出好的教育论文。

写作教育论文，当然还要熟知写作方法。不同的文体，有不同的写作方法。经历过学校学习的老师从小学就开始学习各种文体的写作方法，对各种文体的写作方法都有所了解，但知道了写作方法，并不一定会写教育论文，经常地写作，才是掌握写作方法、形成写作特色的唯一之路。

上帝见到人一思考，就发笑。写教育论文，是表达人对教育的思考。所以，上帝见到人写教育论文，也一定会发笑。

这就是说，写作教育论文是一件没用的事。

任何一篇教育论文，都不会像某篇小说一样，突然就轰动社会，从而让写作者获得不可一世的名与利。

以上这些，还不是写作教育论文最根本的没用。最根本的没用是教育论文表达的只是对教育的思考与认知，它不可能像科学实验研究一样，通过研究可以创新一项技术或发现一个有价值的规律，从而给这个社会带来经济与社会效益。有教育研究，教育有可能发展得好；没有教育研究，教育也一样向前行走。所以，在管理者的眼里，在社会的眼里，教师写教育论文，可以，不写教育论文，也没问题。这才是写教育论文成为一件没用的事的根源。

但没用的事，我们就不做吗？写教育论文没多大用，我们就不写吗？

不，惠子与庄子的两段对话给了我们做没用的事的理由与动力。

惠子谓庄子曰："今子之言，大而无用，众所同去也（大家都抛弃）。"

庄子曰："无所可用，安所困苦哉！（又会有什么祸害呢！）"

惠子谓庄子曰："子言无用。"庄子曰"天地非不广且大也，人之所用容足耳。然则厕足而执之至黄泉，人尚有用乎？"

任何事都有多面，有用之事，确实有用，但有用之事，也是一种负累，所以"无所可用，安所困苦哉！"

除去无用，有用，也无用。正如美丽在于花，除去绿叶、枝杆，花不存也。虚不存，实不存。人生一世，常行无用之事。无用之事，是支撑有用之事的绿叶、枝杆。

何况，写教育论文还是教师修炼教学的过程。通过写作教育论文，教师可以加深对教育的理解，可以巩固对教育方法的把握，可以提高教师的文化素养。有了高的专业素养，教师就可以轻松地教好学生，可以愉快地教好学生，从而快乐地工作与生活。写教育论文也是教师修炼性情的过程。就如我写作这些文字的此时，宁静之极、专心致志、愉悦之极、成就之极，而追求、拥有、保持宁静、专心、愉悦、成就之境，不是人生唯一的追求吗？

写教育论文，成了一件无用之事，并非教育论文写作的灾难，还是教育论文写作之幸。因为，一件事，成了一件无用之事，才可能是一件真事、一件有情怀的事，才可能是一件有用的事。

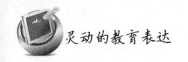
讲学的命运

站在讲台上给老师们讲教学理论与方法，可以称为讲学。我常有这样的讲学机会，得感谢让我站上讲台的校长、耐心倾听我说教的老师。

讲学可以是为了推广理念，可以是为了表达发现，可以是为了体验成功。我站上讲台讲学，是工作，是为了表达自己对教学的认知，当然也渴望实现一种期待——学生在我所倡导的教学之中全面发展、健康成长。

站在讲台上，我总是讲得激情、讲得自信，总以为自己讲的是真理，好像只要老师理解了我所讲的教学理念与方法，学生们就一定会全面发展、健康成长。

其实，自信，只是我的自信；好像，只是我的好像；期待，只是我的期待。

我所讲的，老师肯定能够理解。但老师理解了我所讲的教学理念与方法，学生们的全面发展、健康成长却不一定会出现，我的期待不一定能够实现。

讲学为什么会有这样的命运？其实，其原由显而易见。

我所讲的教学理念与方法，只是我个人的教学理念与方法，并且经老师的理解，已不是我所讲的教学理念与方法。老师运用其所理解的教学理念与方法，产生的教学效果肯定就不是我所期待的教学效果。可以说，任何人的理念与方法只属于他自己，以一定的教学理念与方法开展的教学只能是属于自己的教学。世上没有完全相同的两枚指纹，世上也没有两个完全相同的观点与方法，不同的观点与方法必然会有不同的成效。

尽管老师理解我所讲的教学理念与方法，但老师对它还是陌生的，运用它比运用自己所掌握的理念与方法要难，要费劲，避难就易是人的秉性，所以，老师理解了我所讲的教学理念与方法，老师也不一定能在教学中运用。另外，如果老师遇到了不公平的事，或者学校期待老师另有作为，老师也不可能按我所说的教学理念与方法进行教学。这正如播下了种子，甚至也了解种子发芽以及种苗成长的规律，甚至也准备好肥料、掌握好了施肥的方法，种子也不一定能按人的计划发芽、成长。如碰到一场冰雹、碰到一次洪水、碰到几十天的烈日暴晒，种子就会无法发芽。理解了却不用，我所讲的教学理念与方法就不可能产生我所期待的结果。谋事在人，成事往往在天。

我所讲的教学理念与方法，有些老师理解，肯定还会有些老师不一定理解。学校是校长的一亩三分地，校长不认可我所讲的教学理念与方法，老师就只能把我所讲的教学理念与方法存放在心里；班级属于所有任课教师，其他任课老师不理解我所讲的教学理念与方法，不想运用我所讲的教学理念与方法，想运用我所讲的教学理念与方法教学的老师，必定寸步难行。

我所讲的教学理念与方法，明显带着我的体温，且只是千万种教学理念与方法中的一种，运用它对某些学生有价值，对另一些学生不一定有同样的价值。一个班总有几十名学生，以某种教学理念与方法来教育学生，就是以一"敌"几十，对于有些学生而言，肯定文不对题。文不对题，还期待所有学生都健康成长、全面发展，只可能是水中月，镜中花。

如此这般，一个人的讲学，只是这个人的表达；一个人的思想与方法，往往难成为他人的思想与方法。

这就是讲学的命运。讲学，只可能是星星之火，只可能是种子。星星可以燎原，可以瞬间熄灭；播下种子，可能结果，也可能一无所获。

我的讲学，是否成全我的期待，由命而定。

认命，是认定世事有命运，是能认知世事的命运，是敢于面对世事的命运，是知道谋事在人，成事在天。

从另一扇窗看风景

　　离开工作，走进他人的学校、专家讲堂与书本，我站在了一线教育之外。站在一线教育之外看教育，一扇扇窗倏然打开。

　　窗外，是习习的春风、葱翠的绿意、蒸蒸日上的教育。

　　专家的观点、学校的实践，如星星之火，点燃着我。我期待，你、我的思想能在这样的燃烧中升华、闪亮！

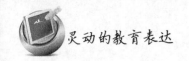

从另一扇窗看风景

关于雷夫

雷夫，四个孩子的父亲，两个孙子的爷爷，56号教室主人之一，一位美国小学五年级教师。他站在讲坛上讲教育的艺术，为大家打开一扇一扇窗，可他说，你可以认为窗外的是风景，也可以认为不是。

关于教师

你想要学生成为什么，你必须成为什么。这样的句式还可以有许多，如：你想要学生读书，你必须喜爱读书；你想要学生积极向上，你就不能处处阴暗、事事牢骚；你想要学生开拓创新，你就必须开拓创新地生活与工作；你想要学生成为诚实的人，你就不能在中考、高考、自学考试中教学生舞弊；你想要学生成为高尚的人，你就不能明目张胆或躲躲藏藏地从学生身上搜刮钱财……

美国的月亮与中国的月亮没有两样，美国一样有层出不穷的思潮与改革，一样有像绳索一样的规章与制度，一样有愚蠢的校长与令人生厌的同事。想组织学生去参加音乐会，校长一样会说不能去，认为组织这么多学生去，关乎收费，关乎安全。面对这一切，雷夫说：我不怨恨现实，我只继续我的行动；我不组织学生去听音乐会，可我与学生都去听了音乐会；我不争辩，只迂回前进；我只安静地、心无旁骛地做每一件事。

不为名，也不为利，只遵循自己内心的准则。不算计时间是属于自己的而是学校的，早早地来到学校，每一个学生都回家了，再离开学校。不算计财物是属于自己的而是学生的，尽自己的能力，资助学生去听音乐会、去旅游，演戏剧。这一切，是习惯，也是自然。雷夫说：在教学的路上，即使大家都浮躁了，我依然宁静；即使人人都懒散了，我依然努力；即使全世界都不诚实了，我依然诚实。

提问雷夫老师的老师有很多，有老师问：雷夫老师，您好！我是把话筒抢过来提问的，您怎么看？这真是个问题，是提问老师想给雷夫出一个智慧的题，而是想得到雷夫老师的肯定？可雷夫老师一听这个问题，就真急了，赶紧说：你抢了别人的话筒？你抢别人的话筒，别人就不重要吗？一个老师不能不谦让、不尊重他人。

关于学生

一个班级里，总有听话、懂事的孩子，也总有淘气、爱捣乱的孩子；总有孩子在认真学习，也总有孩子在玩耍嬉戏。想要把每一个孩子都教成优秀的孩子，老师是很不开心的。没有一个老师能拯救每一个孩子，老师的成功与快乐在于可以拯救的孩子身上。

教一遍，学生没变化；再教一遍，学生还是没变化，老师就认为学生没听话。面对不听话的孩子，老师怒了，甚至说出了老师不该说的话。学生好像没听老师的话，其实是听了。等过了几十年，学生再聚首时，就会戏说当时老师一遍又一遍教导的情境、老师怒不可遏的样子。

读了书、画了画、演好了戏剧，别总问老师，自己做得怎样，老师没有你的体会，老师的观点并不重要，自己的体会、自己的观点才更重要。是想玩球还是想读书，是想这样歌唱还是想那样表演，是想主动打扫教室还是想偷偷溜走，别看老师的眼色，自己想做就按自己的想法做，自己做了就自己负责。

放假了，别人的学生开心，甚至把书籍都撕成纷飞的纸屑；雷夫老师的学生却伤心，他们还想与雷夫老师一起读书、一起唱歌、一起弹琴、一起旅游、一起演戏剧。学生又回来了，雷夫与雷夫的学生无须假期，没有假期，雷夫与雷夫的学生的学期就是假期，假期就是学期。

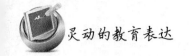

关于教学

老师喜欢莎士比亚，学生没必要喜欢。老师把自己的爱好、自己的专长变成课程，只是想把自己的爱好、专长教给学生，而不是想以此出卖自己的爱好与专长来获得名与利。

组织学生成立莎士比亚剧团，并非想以此让学生爱上文学，不是想以此让学生成为演员，不是想以此让学生成为研究莎翁的专家，不是想以此让学生到处表演获得名利，而是学生在剧团里生活与表演，能很好地合作，能专注地、负责任地做人、做事。用教材教学，很大程度上也是一件醉翁之意不在酒的事。

教学生阅读，老师就必须与学生一起阅读。阅读、学习都是一样的事，它们都不是一门学科，而是一种生活方式，就像我们呼吸是我们活着的方式一样。

雷夫说：我现在还是一个五年级老师，要教语文，要教数学，要教科学，要教历史，要教音乐，要教美术，可我教的不是语文，不是数学，不是历史，不是音乐，也不是美术，我教的只是学生，教学生生活，教学生做人，教学生热爱学习，教学生快乐地歌唱。

考试很重要，但考试不是学生生命的全部。教学根本的目标是促进学生的生命成长，雷夫老师从不在乎考试成绩，可雷夫老师的学生的考试成绩非常不错。

面对雷夫老师，老师们总有许多不解。自己总有许多的规章制度要遵守，总有上级组织的各种各样的活动要参与，校长总是以考试分数论英雄，自己想得到名利却总是难以得到名利。雷夫老师，您说在这样的环境里，我要怎样才能坚持自己的准则，始终真诚地对待教学？雷夫老师的回答只有一句充满机锋的话：这在于你自己。

关于观众

讲台上站着的是雷夫老师，台下坐着的是观众。台下的观众都是老师，可老师也有百态。

有些老师聚精会神，沿着雷夫老师打开的窗口，欣赏风景、感悟风景、生成风景。

也有些老师对雷夫的演讲很不以为然，认为自己的思想更深刻，自己的做法更有效；认为雷夫的观点只是演讲的说辞，哗众取宠而已，并无实践意义；认为只要管理体制不变，只要所处的文化环境不变，只要自己的领导不换，雷夫的观点、雷夫的经验都不可能为己所用。

因此，有老师低头呼噜了，有老师打起了电话，有老师玩起了微信。但这些都没逃过雷夫老师的眼睛。时不时，雷夫老师就说：老师都是道德模范，老师如果想要学生听讲，自己就要认真听讲；现在，老师也不能瞌睡，不能打电话，不能玩微信。这与有些教育专家不一样。有些教育专家演讲时，常说：我讲的是自己的观点，你可以听，也可以不听。演讲不只是散发观点，演讲也是塑造灵魂。雷夫老师，就不同于所谓的教育专家。

台上的演员需要什么素养与能力，大家都明了；台下的观众需要什么样的素养与能力，常不被人关注。对于台上的演员，有一句俗语说得好：台上一分钟，台下十年功。对于台下的观众，是否需要这样一句话：台下倾听一分钟，需要修炼整段人生。

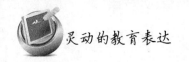

教师的追求
——读《我心中的好教师》（周国平）之所思

教师的追求

绝大部分人都是平平常常的人。如果不追问，平常人活着，好像就是为了活着，没有什么特别高尚的追求。

其实，活着的任何人都有所追求。就拿老师来说，尽管他们平日里生活、工作得毫无波澜，他们也有自己的追求。

不过，许多老师追求的是所教学生在考试中取得好成绩，或者被评上一个期待已久的职称或优秀称号。

这些老师的追求，是他人的表现，是他人对自己的评价，是从外而获得的收益。

人追求的，往往是身外之物。

身外之物，就是追求的本意与目的？追求之中，人本身又在哪里？

周国平先生说：教师要一辈子热爱智力生活，对知识充满兴趣，永远保持学习、思考、钻研的习惯，成为一个知识分子。

人活着，不能仅为身外之物，而忘了自我；人活着，根本的追求应是活成什么样的人。

教师的根本追求是让自己成为如周先生所说的一个知识分子。成了这样一个知识分子，朴素地生活才有价值，身外之物方可茁壮。

精准的观点往往是模糊的说辞

著书立学的人，常会说出一些精准的、令人耳目一新的观点。这些观点很像被人描绘得美轮美奂的云彩。

但这些云彩只是像一只羊或像一匹马，至于这些云彩到底是一只羊还是一匹马，又模糊不清。

周国平先生说："爱学生的教师，一定会把心思放在学生身上，对学生的成长真正负起责任来。"

周先生的观点，大家都能领会。周先生的观点表述得精确。可这么精准的观点到底表达了怎么一回事？教师能够依周先生的观点而实践吗？这么一追问，准确的观点立即就模糊起来。

"对学生的成长真正负起责来"。那什么是学生的成长？什么是健壮的身体？什么是高尚的品格？什么是丰富的情感？有了某一方面，就是成长？还是要拥有全部方面，才是成长？学生成长的内容不明确，教师的教学责任就不可能清晰。看似准确的观点，其实已是模糊一片。

另外，在这个社会里，人为人的成长设计了许多台阶，沿着台阶行走，不能说不是成长。那教师只教需要考试的科目，帮助学生通过考试，从小学到中学再到大学，跃上一级一级的台阶，是对学生的成长真正负责吗？周先生的观点既没有给出否定的答案也没有给出肯定的答案。

遇到观点，不能只是热血沸腾，不能盲目欢呼。认知观点，要经历理解、困惑、再理解的过程。

教师要成长为一个好教师，思考是必需的路径。只有经历思考，教师才可透过那些别出心裁、精准严肃的辞藻，达到观点的真正内涵。就如只有真正知道了"学生的成长"的内涵，教师付出的心思才可能与之相适应，教师所负的责任才可能有价值。

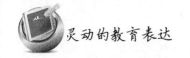

转变教育理念，不是教育理念的转变

教育，不是教师的专利。人，都有自我教育与教育他人的本能，甚至一棵树一块石头，也可以成为教育人的大师。

能教育人，人就有自己的教育理念。因此，世上的教育理念层出不穷、纷纷扬扬，纷纷扬扬的教育理念都来自相应的某个人。

有些教育理念闪耀，有些教育理念暗淡，有些教育理念平凡，有些教育理念神圣。一个教育理念之所以被许多人认同、流行于世，是许多人与某个人志同道合，是这个教育理念更切合于人的本性或迎合时代潮流。

自己的观点被他人认同、赞许，是人生最大的期待。因此，转变他人的教育观念是一股劲风，在教师的教学生涯中吹来吹去。转变教育观念，成为教育专家、教育管理者对教师的要求，成了摆在教师面前最紧要的事。

可周国平先生说："就单个的教师而言，教育理念不是孤立的东西，也不是抽象的理论，而必定是和他的人生观、价值观有密切联系的，是他的整体精神素质在教学上的体现。"

可见，教育理念不是教育理念，教育理念是人生观、价值观，是人的整体精神的体现。正像绿色是树的体现，黄色是土地的体现。

转变教育理念，是要转变一个人的人生观、价值观、整体的精神风貌。一个人想把自己认同的教育理念变成他人的教育理念，难度很大，甚至不可能。正像土地想要树变成黄色，树想要土地变成绿色。

即使理解、认同了他人的教育理念，自己的教育理念也不一定就会转变。转变教育理念，需要深刻地体验人生、广泛地学习教育理论与实践。只有改变了自己的人生观、世界观，重塑了自己的精神，教育理念才会有新的形态。

显然，转变教育理念，不是教育理念的转变。

运也，命也

周国平先生说："教学要讲究艺术，要能激发学生的学习兴趣。教师对自己所任的课程，在基本原理方面要做到融会贯通、举一反三；教师要成为通识之才，有广泛的知识兴趣和人文修养。"

周先生所说的教师是有的，但不多。更多的教师不是这个样子的，许多不是这个样子的人站上了讲台，成了教师。

正由于此，全部的家长都期待如周先生所说的教师成为自己孩子的老师。为了实现这个期待，家长常常模仿孟母不辞麻烦与劳苦，为孩子三迁选择学校与老师。

可名校的老师都是这样的教师吗？孩子的语文科老师是这样的教师，他的数学老师还一定是这样的教师吗？孩子一年级的任课老师是这样的教师，七年级的老师还一定是这样的教师吗？对别人的孩子来说，这个老师是这样的教师；对自己的孩子来说，这个老师还是这样的教师吗？

不管怎样谨慎，不管怎样选择，孩子进入学校，他所遇到的老师，他所接受的教育，都是不确定的。正如孩子来到这个世上，他的人生充满了不确定性一样。

孩子遇到了如周先生所说的老师，只是运气。孩子到底会遇到怎样的老师，会接受怎样的教育，是孩子的命。无非上帝，没有谁能保证孩子遇到的都是像周先生所说的老师。

孩子的老师不可能都如周先生所说的教师一样，但所有的家长还是会期待自己孩子的老师都如周先生所说的教师一样。这是期待与实现之间的矛盾，这是他人与自我之间的距离。

教师最好看到这一点。教师的使命不只是完成所谓的教学任务，还要努力成为家长、学生所期待的老师。

创设好的前提

前提，是推理中可以推导出一个新判断的原始判断，或事物的先决因素。

周国平先生认为，在当今体制下，一个教师的责任和本事就在于：一方面帮助学生用最少的时间、最有效的方法对付应试；另一方面最大限度地拓展素质教育的空间。这是可以做到的，当然，前提是教师有水平并且肯用心。

如果把既帮助学生应付考试又拓展素质教育空间的教学称为好的教学，那周先

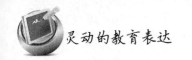

生的观点就是，这种好的教学产生的前提是有水平并且肯用心的教师。

这样的前提，让这种好的教学处于危险的境地。

现实中，有水平并且肯用心的教师不多，很多的教师难以让学生用少的时间与有效的方法对付应试，甚至有些教师花很多的时间也难以让学生对付应试。老师对付应试都难，怎么还有可能最大限度地拓展素质教育的空间。没有了这样的前提，怎么会有周先生所说的好的教学。

可大家期待，这种好的教学要普遍地存在。教学要普遍这样好，就要普遍地创设这样的前提。没有普遍这样的前提，就没有普遍这样的好教学。

站在了原点，抓住了纲领，我们知道：追求好的教学，不是延长学习时间帮助学生求得一个高的应试分数，不是通过突击培训帮助学生求得一个好的比赛结果，也不是创新一个吸引眼球的教学理念与教学模式；追求好的教学，是要求得决定好的教学的先决因素——有水平且用心的教师。

知道了这一点，教育专家、管理者与校长的行动就可能有的放矢、卓有成效。

凭良心教学

凭良心教学，是许多老师的认知与遵循的工作原则。

可凭良心，到底什么是良心？

良心，是个人内心的是非感；是对自己行为、意图或性格的好坏的认识；是一种做好人好事的责任感，能引起对于做坏事的内疚和悔恨。

这样的阐述，包含了一个内在的逻辑。内心的是非感，是良心的核心。一个人内心有了是非感，就能对自己行为、意图或性格的好坏做出判断，就能增强做好人好事的责任感，就能引起对于做坏事的内疚和悔恨。

常说，别管那么多，自己的教学只要对得起良心就行。我认为，这还难说是凭良心教学，这样的态度有得过且过之嫌。

凭良心教学，首先要依个人的是非感认知教学；其次要依个人的是非认知来判断自己的教学行为与意图的好坏，增强做好的教学的责任感，引起做坏的教学的内疚和悔恨。也就是说，凭良心教学，一是要能正确认知教学，二是要依自己的内心评判自己的教学。

周国平先生还说"凭良好做事，当然就应该不计个人得失。一切凭良心做事的人都有一个信念：良心的评判高于体制的评判。"

凭良心教学，是有是非观念的教学，是有独立人格的教学，是不计得失的教学，是更高要求的教学。

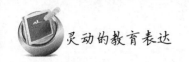

陶行知先生
——读《教育的真谛》随笔

轻轻地唤一声"陶行知先生"，我满怀虔诚。

静静地写下"陶行知先生"，我心里充满崇敬。

先生的教育实践与主张，无需评论，无需赞扬，更不要说质疑。

先生的教育实践与主张是经典，先生本身也是经典。

遵循经典，我们的教育才会有自信，我们的教育才会有清晰的形态，我们的教育才会有清晰的路径。

先生的教育历程

先生原名文俊。在主张"行是知之始，知是行之成"之时，先生才把父母起的、跟随了自己大半生的名字"文俊"改为"行知"的。

用自己的名字概括自己的教育思想、标榜自己的教育思想，自己也就把自己彻底地交给了教育。

先生实践乡村教育，提倡普及教育，但他并非一开始就是一乡下教书先生。先生自幼聪颖，曾在南京金陵大学、美国伊利诺伊大学、哥伦比亚大学求学，受到过杜威教授、孟禄教授、基尔巴托里科教授、斯托雷教授等的指导，尤其在斯托雷教授指导研究过美国大众教育行政问题。

回国后，先生任教南京高等师范学校，主讲《教育学》《教育行政》《教育统计》等课程，先后担任过南京高等师范学校教务处主任与教育专修科主任。在此期间，先生促成了南京高等师范学校首次招女生，并与北京大学相约，开放女禁，招收女生。

先生发起成立过中华教育改进社、中学平民教育促进会、山海工学团、新安旅行团、国难教育社、生活教育总社，创办过南京安徽公学（即今日南京市第六中学的前身）、我国第一所试验乡村师范学校——晓庄师范、湘湖乡村师范、新安小学、重庆育才学校、重庆社会大学等校。

抗战胜利后，先生当选为中国民主同盟中央党务委员兼教育委员会主任。

先生的教育实践，紧随时代的发展，始终为时代的人民服务，为时代的发展服务。某位近代领袖说："陶行知先生一生，致力于人民教育事业，他的教育思想、教育理论和实践经验都值得我们认真研究和学习。"

先生的教育主张

生活教育理论是先生的教育思想的核心。

他主张生活即教育。他认为生活教育是生活所原有，生活所自营，生活所必需的教育；他认为过什么样的生活就受什么样的教育，过健康的生活便受健康的教育，过科学的生活便受科学的教育，过劳动的生活便受劳动的教育，过艺术的生活便受艺术的教育，过社会革命生活便受社会革命的教育；他认为生活教育与生俱来，与生同去，出世便是破蒙，进棺材才算毕业，教育与个人生活共始终。

他主张社会即学校。他认为生活、教育都统一在整个社会之中；到处是生活，即到处是教育；整个的社会是生活的场所，亦即教育之场所。

他主张教学做合一。他认为"教学做合一"是生活现象之说明，也即教育现象之说明。在生活里，对事说是做，对己之长进说是学，对人之影响说是教。教学做只是一种生活之三个方面，而不是三个各不相谋的过程。教的方法根据学的方法，学的方法根据做的方法。事情怎样做便怎样学，怎样学便怎样教。教而不做，不能算是教；学而不做，不能算是学。教与学都以做为中心。在做上教的是先生，在做上学的是学生。

六大解放是先生提出的具体的教学方法。

解放儿童的双眼。就是要摘掉儿童眼睛上的"有色眼镜，使眼睛能看事实"，

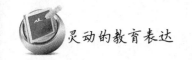

要破除封建教育使儿童脱离社会实际生活的做法，培养儿童对自然和社会进行观察和分析的能力，培养他们发现和解决问题的能力，使儿童的性情得到陶冶，意志得到锻炼。

解放儿童的大脑。就是要把儿童的头脑从固有的迷信、成见、曲解、幻想中解放出来，让儿童用自己的大脑去思考问题，分析问题。

解放儿童的双手。就是要给孩子以动手的机会，让儿童自己动手操作，使他们在手脑并用中发展创造力。

解放儿童的嘴。就是要让儿童言论自由，要让他们自由发表自己的看法，允许他们对事情有疑问。

解放儿童的空间。就是要给儿童提供广阔的创造舞台，为他们进行创造活动打下基础。为此，必须反对鸟笼式的学校，反对导致儿童营养缺乏的教科书，要让小孩子"去接触大自然中的花草、树木、青山、绿水、日月、星辰以及大社会中之士、农、工、商、三教九流，自由地对宇宙发问，与万物为友，并且向古今中外三百六十行学习"。

解放儿童的时间。就是要为儿童争取时间之解放，使儿童有时间从容地消化、思考所学知识，去接受自然和社会的宝贵知识，积极去创造。

先生的教育实践

先生一生的教育实践，是高尚师德的表现。

先生对教育事业怀有赤子之心，认为教育是大有可为的事情。虽然教育工作辛苦而薪水少，但是，先生看到小学生天天长大，由没有知识变为有知识，像一颗种子萌芽而生叶，开花而结果，享受到了极大的快乐。

"爱满天下"是先生奉行的格言。热爱学生就是要对学生一视同仁，无论家庭地位高低、财富多寡、相貌丑俊，都一样看待，不可偏爱，不抱成见，不徇私情。

"通力合作""同心协力"是先生践行并倡导的师德规范。他坚决反对教师之间的"知识封锁"，将教师"不能放弃争斗"、不能"谋充分之合作"视为最可耻的行为。

以身作则、为人师表是先生的行为准则。他认为教师的任务就是"自化化人"。

自己的一举一动，一言一行，都要修养到为人师表的地步，要求学生做到的，自己首先应能做到。教学过程就是与学生共学、共事、共修养的过程。

先生的生活教育，以生活为驱动。

先生有教育理想，并自始至终、践行着自己的教育理想；我们也有教育理想，但不知为什么，我们的教育理想都统一成了实施应试教育。

先生理想与践行的教育是生活教育，我们所践行的教育是应试教育。生活教育是以生活为中心的教育，应试教育是以培养应试能力为中心的教育。生活教育是以学生更好地生活为驱动，应试教育是以让学生更好地通过考试为驱动。

以生活为驱动，那就有怎样的生活，就用怎样的书教，教育建立在生活的基础上；以应试为驱动，那就考什么就教什么，教育是建立在书本知识上的教育。

以生活为驱动，学生学好了，就能更好地生活；以应试为驱动，学生学好了，就能得到一个好的分数，能考上一个更好的学校。

以生活为驱动，学校就是一社会，生活在学校的学生能深刻思考与生活，有强烈的生活与社会责任感，走出学校，就能很好地生活；以应试为驱动，学校就是象牙塔，生活在象牙塔里的学生如豆芽菜，懒于思考，没有责任感，走出学校，就晕头转向，只期待谋求一个舒适又赚钱的好职位，一生安逸。

先生的生活教育，是以人为本的教育，把教育融合在人的人生里，教育与生活不可分，教育与人生不可分；我们的应试教育，是工业化时代职业不断细分的结果，教育只为了学生的应试，只为学生上一个好的学校，找到一份好的工作，把教育与学生丰富多样的生活割裂开来了。

先生的教育目标，充满着教育的理想。

先生说："我们办乡村师范学校，总目标是：培养农村人民儿童所敬爱的导师。乡村人民儿童所敬爱的导师要有康健的体魄、农人的身手、科学的头脑、艺术的兴味与改造社会的精神。"

先生办教育，总有自己的目标。先生的教育目标，是培养人，而不是为他人培养一个工具。人是形形色色的，面对不同的人，先生的教育会有不同的目标。正如先生办乡村师范学校，是要培养农村儿童所敬爱的导师。

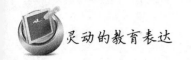

我们办学，心中却没有人，没有人的形形色色。不管是在城市办学，还是在农村办学，我们的教育目标都一样，是把形形色色的人，塑造成同一个样子的人。

先生的教育目标，体现了先生的教育理想。我们也有从事教育事业的理想，只是我们的理想大都是让学生在考试中获得一个好分数，利用教师这个职业获取更多的名与利，以求得一个舒适、安逸的人生。至于我们所实施的教育，对学生的生活是否有价值，是否能让学生健康成长，是否能够培养学生改造社会的能力，并不在我们的理想之中。

我们从事教育，有教育目标，但我们的教育目标之中，并没有教育的理想。

先生总是从生活出发构建教育。

不管是先生还是我们，办教育都有一个最纯洁的出发点，就是为了学生能更好地生活。

但先生的教育是从生活出发，所实施的是生活教育。生活教育以生活工具为出发点，教人发明生活工具，制造生活工具，运用生活工具。只有发明工具、制造工具、运用工具才是真教育，才是真生活。

我们的教育却不从生活出发，并不是教人发明工具、制造工具、运用工具；并不是教人了解生活规则，适应生活规则，改造生活规则。我们的教育是从识记与运用书本知识，应付各类考试出发，是教人知晓知识，通过一场又一场考试，以求得一份好工作、一种好生活。

出发点不同，教育所选用的材料、方式就会有所不同，构建起来的教育大厦就会呈现不同的形态。

从不同的出发点构建起来的教育，肯定对学生的生活有不同的影响。哪一种教育能让学生更好地生活？却总是公说公有理，婆说婆有理，难有定论。

尽管我很怀疑自己所践行的教育，但对于自己所践行的教育，我却无法改变。我只有希望，自己所践行的教育，也能像先生从生活出发的教育一样，能让学生拥有美好的生活。

先生所处的现实，竟然是我处的现实。

《普及现代生活教育之路》，是先生写于1934—1935年间的一篇文章。

文章中揭露了当时这样的教育现实：学生是学会考，教员是教人会考。学校变成了会考筹备处。会考所要的，必须教。会考所不要的，不必教，必不教。于是唱歌不教了，图画不教了，体操不教了，家事不教了，农艺不教了，工艺不教了，科学实验不教了，所谓课内课外的活动都不教了。所要教的只是书，只是考的书，只是会考指南！教育等于读书，读书等于赶考。

描绘教育现实的先生，就如站在我们的面前，就如站在我们所处的教育现实中。先生所描绘的教育现实，就是我们的教育现实。

先生是教育家、思想家。先生的眼光高远，一定有足够的智慧与胸怀担当令人沮丧的历史事实：快一百年了，教育现实，还是这样的教育现实。先生一定知道，他所描绘的教育现实，不只是一种教育现实，它还是一种文化。文化往往是一个人的底色、一个社会的底色，昨天是这样，今天是这样，明天可能还会是这样。

为考而教，为考而学，以考促教，以考促学，是教育。这种教育力求围绕考试培养学生的素养与能力，这种教育一直在我们的国土上存在，且不断地发展、前行。

教育如果只有此路可走，那么怎么考、考什么就显得非常重要。考八股，是考；考语文、数学、外语等课程，是考；人生的每一步，也是考。但遗憾的是，不管怎么考，学校所实施的考，总是难以求全。学校难以考学生的品德、学生的心灵、学生的创造能力。

学校所实施的考，必是残缺的考。为考而实施的教，必是残缺的教。

让小孩做先生，是先生早已实践过的教育。让小孩做先生，让小孩教小孩，让小孩教大人。是先生在 20 世纪 30 年代论述了、实践了的教学方式。先生创建的儿童工学团，就是儿童教儿童、儿童教大人的铁证。

今日，有人再推"学生教学生"这种教学法。（不过，如果把这样的教法当成自己的首创，就贻笑大方了。）我们却睁着迷茫的眼睛，心头生起无数的疑问与不信：这可能吗？这可行吗？

我们是不学无术、丑陋到家了。"学生教学生"，20 世纪 30 年代的先生就说了，就做了，我们不知道，我们还在怀疑，不愿践行。

我们的思想被谁闭塞了？

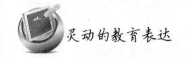

我们的视野被谁阻隔了？

我们的勇敢与创造力被谁磨灭了？

先生不教学生吃人。先生践行的是生活教育。他教学生做人，教学生生活；教学生做自己的主人，做生活的主人；教学生关爱他人、服务他人。

先生说，传统的教育是教学生读死书，死读书。死读书久了，自己的生活能力也消灭了。

先生践行的教育是生活教育，不是吃人的教育。

教育应培养怎样的人？先生早已给出了很好的、体现教育本质的回答。

可将近一百了，我们却并没有脱离传统教育的腐朽。我们手执教育之鞭，还是教学生读死书，死读书。

这是否在先生的意料之外？

先生的教学做合一，关乎的不只是方法。

先生主张教学做合一，主张学生要在做上学，教师要在做上教，要在学上教。

当前教育界所提倡的"先学后教"的教学观，是先生所主张的一个侧面。（"先学后教"这个观点，是借鉴先生的主张？而是自以为是的创造？阅读先生后，就一目了然了。）

先生的教学做合一，不只是教育方法，而是教育思想。

先生认为教育是引导学生学习实践、生活中的经验与智慧，而不是牢记与理解书上、教师讲解的知识；认为知识与能力是在实践、生活中习得，而不是通过记忆、理解书本知识习得；认为学习是为了更好地做自己的主人、更好地服务他人，而不是为了谋求权力与利益。

先生的教学做合一，不只是教育方法，而体现了先生办教育的目的。

先生不像我们，我们办教育就是为了帮助学生在考试中获得一个好分数，争取上一个好学校。

先生办教育有社会目的，如培养能够改造社会的人；有育人目的，如培养全面发展的人，培养能很好生活的人；有传承文化的目的，如帮助学生掌握科学文化知识，提高学生的人文科学素养。

一个教学方法的后面，或者说，支撑一种教学方法的，是教育思想与办教育的目的。

伤害学生的，看起来是某种教学方法，其实，真正伤害学生的，只可能是潜伏在方法后面的教育思想与不可告人的教育目的。

要改革教学方法，必须先改革教育思想与办教育的目的。教育思想与教育目的不变，形式再翻新，再不一样，最终执行的还是那不变的教育思想与教育目的。

先生的疑问，也是我们的疑问。

先生说，自从会考的号令（会考于 1932 年开始，中学应届毕业生，先经学校毕业考试，然后参加各省市举行的会考，会考及格后才算正式毕业）下了之后，教师所教的只是书，只是要考的书，只是《会考指南》。教育等于读书，读书等于赶考。

对于会考，对于当时的教育，先生疑问：从会考成绩看，广东会考几乎全体及格，广西会考几乎全体不及格。

先生所说的会考，如我们每年都要面对的会考。面对会考成绩排名，我的疑问，正如先生的疑问。

先生疑问，却不糊涂。先生在疑问之后清晰地提出了替换会考的方式。如考查校内师生及周围人们的身体强健了多少？校内师生及周围人们对于手脑并用已经达到什么程度？校内师生及周围人们对于发行物质与社会环境已经达到什么程度？

我疑问了，却始终处于混沌之中，我无法清晰地回答这样一个问题：如果放弃了会考，我们还能拿起来什么来评价老师的教与学生的学？

先生的教与学，值得我们永远坚持。

关于教师的教，先生说：

教师的责任不在教，而在教学生学。

教师教的法子，必须根据于学生学的法子。

教师应一面教一面学，教学并不是贩卖知识，教师只有学而不厌，才能诲人不倦。

关于学生的学，先生说：事情怎样做，就怎样学。

学游泳，就须在水里学。若不下水，只管在岸上读游泳的书，纵然学一世，到了水里，还是要沉下去。

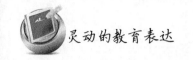

要理解某个历史事实，就得读不同的史书，综合不同的事实与观点，而不能只是听教材或老师在课堂上的一面之词。

要创作诗歌，就要自己充满激情地创作，而不能只是记忆、理解诗歌的创作方法。

要创造发明，就要不断质疑、猜想、实验，而不能只是记住实验的器材与程序。

记下先生教与学的观点，我不想再提自己的什么教与学的观点。

先生的观点，形象、生动、经典！值得我们永远坚持！

先生眼里的教师。

在先生的眼里，教师是孙悟空，是孩子。

教师是孙悟空。教师就要保学生去西天取经，要保学生靠自己的双脚前行去取经，而不要驮着学生一个筋斗十万八千里，就把经取回。

教师是孩子。教师就要成为一个不够懂事、不够开化、如一个后进生一样的孩子。学生解决了问题，教师睁着疑惑不解的眼睛问学生：为何能这样解决？碰到了新知识与新问题，就诚恳请求学生：你能告诉我这个知识是什么意思吗？如何解决这个问题呢？

成了一个不谙世事的孩子，成了一个有百般武艺且忠于唐僧的孙悟空，教师就成了一个好教师。

先生说，教师的职责是努力让学生快乐。

儿童应该是快乐的。

这不只是先生的观点。这是一个事实，是一个谁想改也不可改的事实。

学习是儿童的本分。这也是一个事实，是一个谁想改也不可改的事实。

学习，不是平坦的道路上悠闲散步；学习，是攀登，攀登是辛苦之事。辛苦能扼杀快乐。这是教师必须认可、必须担当的一个事实。

面对事实，教师的职责就是保护儿童，就是运用、创造最合理、最恰当的教法，让学生快乐地学习。

先生应被高高举起。

心头常怀疑，教育是门学说吗？如果是，正如说到佛学，就会说到《金刚经》《心经》等经典；说到道学，就会说到老子的《道德经》；说到儒学，就会说到孔子的《论语》等。说到教育学，我们会说到什么经典？也就是说，教育存在与发展的经典理论与方式是什么？

反观我们的教育现实，教育不像一门学问，倒像一个舞台。不管是教育实践，还是教育研究和教育写作，在乎的是新意，在乎的是创新，总在提出与他人不同的观点，总在实施与他人不一样的实践。好像他人的观点不值一提，他人的实践总是没有自己的高明。好像只有新的，教育实践才是好的，教育研究才是深的，教育写作才可得到他人认可的。

你方唱罢我登台，是当前教育存在与发展的典型特征。

你方唱罢我登场式的教育，却只能是池塘的浮萍，没有根基，不可成栋梁。

其实，中国的教育有根基，有经典。儒家的教育观是教育经典，陶行知先生的教育思想是经典。

教育经典，体现的是教育的本质，指明的是正确的教育之路。现在的我们，还有后来者，应追求创新，但不可让自以为是的新意淹没了经典。

经典是应该被高高举起的，是应该被敬仰的，是应该被坚持的。

相信经典，遵循经典，教育才可强大地存在与发展。

先生的教育信条，我的教育信条

先生提出了自己的教育信条，共十八条：

我们深信教育是国家的万年根本大计。

我们深信生活是教育的中心。

我们深信健康是生活的出发点，也是教育的出发点。

我们深信教育应当培植生活力，使学生向上生长。

我们深信教育应当把环境的阻力化为助力。

我们深信教法学法做法合一。

我们深信师生共生活、共甘苦，为最好的教育。

我们深信教师当以身作则。

我们深信教师必须学而不厌，才能诲人不倦。

我们深信教师应当运用困难，以发展思想及奋斗精神。

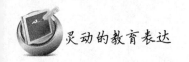

我们深信教师应当做人民的朋友。

我们深信乡村学校应当做改造乡村生活的中心。

我们深信乡村教师应当做改造乡村生活的灵魂。

我们深信乡村教师必须有农夫的身手，科学的头脑，改造社会的精神。

我们深信乡村教师应当用科学的方法去征服自然，美术的观念去改造社会。

我们深信乡村教师要用最少的经费办最好的教育。

我们深信最高尚的是人生无价之宝，非金钱所能买得来，就不必靠金钱而后振作，尤不可因钱少而推诿。

我们深信如果全国教师对于儿童教育都有"鞠躬尽瘁，死而后已"的决心，必须就会为我们民族创造一个伟大的新生命。

信点什么，才可做点什么，才能成点什么。不管是生活，还是工作，我们都得有自己的信条。

模仿先生，我也写下我的教育信条，共十条：

我深信今天有怎样的教育，明天就有怎样的人生与社会。

我深信健康的身心，是人一生的框架，培养学生健康的身心是教育的出发点与根本目的。

我深信教师的教因学生的学而存在。

我深信教师应以深情、美观与科学方法实施教学。

我深信教师要想诲人不倦，必须学而不厌。

我深信仪表端庄美丽、身心健康，且能说、能演、能想、能写的教师才是好教师。

我深信教师的治学态度、生活方式与美丽的心灵是最好的教育。

我深信高尚的师德是无价之宝，照亮学生与教师自己的只能是高尚的师德。

我深信学校应成为区域内文化的中心，智慧的代表，圣洁之地，。

我深信只有学生、教师、学校都明确了自己的责任，都对自己的本职工作负责，好的教育才可出现，好的学校才可出现。

佛教视角下的学校教育
——读《佛教的见地与修道》

教育是育人的事业。教育的门类有许多，当下的学校教育是教育，佛教、道教、儒教、天主教也是教育。

当下学校教育的内涵宽泛，但它的根本使命是教人做人、塑造人。它教人德、智、体、美、劳等方面全面发展，教人树立富强、民主、文明、和谐、自由、平等、公正、法治、爱国、敬业、诚信、友善的社会主义核心价值观。

佛教常被归为宗教或哲学，我却明晰地看到它与当下的学校教育一样，是一项育人的事业。它教人忘我，教人不争，教人不计功德；也教人发心，教人精进，教人普度众生。教人做人、塑造人也是佛教的根本使命。

常人眼里，育人的事业只有当下的学校教育。这不是这个世间的教育事实，而是人们"一叶障目，不见森林"的认知结果。

佛教有明确、稳定、程序化的教育形式，有自己的祖师——释迦牟尼，有教育的根本理念——性空、缘起、无我、精进、智慧、彼岸等，有最终的教育目的——成佛，有具体的教育方法——千万种法门，有专门的施教场所与施教人员——庙宇与僧人。

当下的学校教育却与佛教有所不同。尽管当下的学校教育地位高，无处不在，尽管国家提出了当下学校的教育目标，尽管当下的学校教育有专门的教学场所——学校与教师；但不同的学校、不同的教师有不同的教育理念，其教育目标往往与国

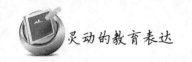

家提出的教育目标不一致，其内心也没有所敬仰与遵循的教育祖师。

佛教有三宝：佛、法、僧。

学佛之人，必敬佛、敬法、敬僧。

如何敬佛，敬法，敬僧？佛教有详尽的礼仪、戒律与行事程序。所有僧人，所有学佛之人必须按佛教礼仪、戒律、程序学习与行事。佛家称之为修行。

当下的学校教育是否也有三宝？

求学之人，是否需要敬书、敬法（方法）、敬师？

当下许多人都认为按礼仪、戒律、程序敬书、敬法、敬师是老一套了，早就破除了，现代社会践行的是平等的理念。

可人与天怎么平等？草芥与大树怎么平等？沙石与宝玉怎么平等？不平等才可构成良好的秩序，相敬如宾才是文明，敬畏才有和谐。

仪式、戒律与程序，不只是形式，它就是教育，是触及心灵的教育，是心灵的净化剂。

佛教人慈悲，教人智慧。

佛教不空谈理论。佛创设了一个童话般的人生与宇宙。佛指明了千万条直达彼岸的路径。

例如，佛教中提出"止观"，即止后而观，即宁静、专注、清明之后，生出洞彻现象本质的智慧。止是过程，观是止的结果。

但佛不只提出"止观"，不只阐述"止观"。佛还详尽地设计了修止得观的方便法门。如修"止观"需选择怎样的环境，需发怎样的心，需克服哪些过失，需体验哪些心理变化及应以怎样的心态与行动对付等。

当下的学校教育也有许多的理念与观点，如要促进学生德、智、体、美、劳等方面全面发展，那"德"的全面发展的内涵是什么？也许可以是社会主义核心价值观，那诸如"爱国"又是什么？学校教育有一套可操作、完整、稳定的方法或流程来培养学生的爱国品德吗？没有。

许多许多学校教育的理念涉及操作方式时，就成了空白，一无所知，不知去向。

出家，是一种职业。出家人，称为僧人。

僧人时刻修行，简朴生活，破执向善，度众生学佛、成佛。僧人成就自我之后再成就他人，没有成就自我就不去成就他人。僧人，是出世之人，是贤人、圣人，是心灵导师。

出家人之所以出家，正如教师之于教学，神父之于天主教，是行自己该行之职责。

说教师如僧人，是说教师应像僧人一样时刻修行、时刻精进、时刻守戒、时刻虚心、要成就自我、成就学生。

不过，教师，不可能成为僧人。僧人为了一心一意修行、成佛，普度众生，便舍弃世间一切牵挂，出家成僧。教师却不同，他总得为家人的生活、后代的出息按世俗的规则奔波。奔波，必朝着名利而行。这样的方向与行为，定会阻碍高尚品德与深邃智慧的形成，教师难以出世，难以成贤人、圣人，难以普度众生。

这是学校教育里的教师不得不看到的自身的缺陷。

轮回是病，不同的佛法是治病的不同方法。

人生是生长，教育就是培植，是帮助生长。不同的人需要不同的培植，不同的帮助。

好的教育，是适合学生生长的教育。学校教育的价值，在于给予不同的学生以不同的培植与帮助。

让人提心吊胆的是，那千千万万懵懂的孩子，怎么知道自己的老师与老师所用的法门正确？如果他们受了坏老师用坏法门传授的坏知识，怎么办？

一名教师，必先苦苦修行，且时刻不停地修行，使自己成为一名教师；一名教师，不可无德、无知、无智，不可轻视自己、妄自菲薄。

课堂上，老师教给学生的知识，只是实相的模型，或者说是给了学生一张清楚的照片，是为了帮助学生认出实相。教师或其他任何人都无法帮助学生体验实相。学生必须通过修行，自己去证得实相。这是教学的本质。

教师的教学既要教学生了解实相的模型，更要教学生修行的方法，引导学生自主修行。这两者都不可偏废。

"众生心行，有种种不同积习，故从上诸佛圣贤，设许多方便，循其所欲，导登无上正觉之道"。

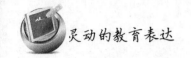

工业化、流水线作业的时代，当下学校教育已忘了这一条根本的教育原则。

教师之所以被人轻慢，是自己的行为不当，品德低下，智商平平。

教师要得到尊重，应修得高尚的品德与深邃的智慧，应坚信高尚的品德与深邃的智慧是最好的教育，应坚信修得高尚的品德与深邃的智慧是一生的成就，且胜于诸如钱财、名誉等其他任何成就。

站在讲坛上的人，必是我师

你所思，并非他所想

你总是这样认为：改革课堂教学，是要转变教学思想，创新教学方法，促进学生的全面、健康发展，是每一位教学管理者、教师的使命与职责；有些教学管理者、教师的教育思想与方法总是跟不上改革的要求，他们都需要学习。

某日，全国部分课改名校在某地举办"教学范式与教法操作解读"报告会。

看到报告会的通知，你就情不自禁地产生了这样的想法：这是一个很好的学习机会，应该组织教学管理者与教师代表去与会学习。

可安排谁去参加学习呢？谁认为课堂教学改革就是要转变教学思想与方法，促进学生的全面健康发展？谁意识到了改革课堂教学就是自己的使命与职责？谁发现了自己的教育思想与方法跟不上时代与教育发展的要求？谁认识到了自己需要学习？有了学习的机会，谁会期盼、珍惜？

如果所谓学习者不知学习的意义、没有学习的意愿、缺乏学习的能力，那即使他坐在了会场，也有可能心存埋怨、心不在焉，即使一直听着别人的讲座或观看着他人的课堂，他也有可能只是在挖掘他人的问题、指责他人，一无所获。

学习，不能是安排，不能是指定，不能是强制。正像我们组织孩子学习一样，要让孩子学习，就得调动孩子学习的主动性。学习永远是学习者自己的事。

如果教学管理由有教学思想、教学责任感、教学能力的人自愿担任，如果学习培训由有学习意愿、有学习能力、理解学习意义的人自愿参加，那么，工作与学习，

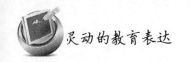

也许就不是负担，不是儿戏，而是珍贵且难得的机会。这时，你所思的，才可能是他所想的。

不提不是，只谈收获

参加学习，常常是走进他人的学校、他人的课堂，常常是听讲座、观教学，常常是了解他人的实践、方法、经验与思想。

走进他人的学校，走进他人的课堂，坐着听讲座，站着观教学，你是来做什么的？是来检查、指导他人的工作的？还是来向他人学习的？

心怀不一样的使命，就会有不同的态度与行动。

如果你是来检查与指导他人的，你的心中就一定要有一个明确的我，要有我的思想、我的发现、我的建议，你就要发现学校与老师的优点与成绩，要挖掘学校与老师在工作中存在的问题，要明确表达看法，要提出可行的建议，以便学校与老师改进工作。

如果你是来向他人学习的，你的心中就要无我，要把自己清得空空的，虚怀若谷。你无需打着灯笼去挖掘他人的问题，指责他人的不是。你的使命就是学习他人，就是发现、理解他人的闪光点，如获至宝地把他人的闪光点装入心中。

听了讲座，观看了教学，你与同行之间肯定还会有交流，这时的交流是学习的延续。那么，交流什么？怎么交流？回答这样的问题，肯定话长，它涉及学习态度与方式的选择。但也可以简单用一句话来回答，那就是：不提不是，只谈收获。

站在讲坛上的人，必是我师

任何人都不是完人，任何思想都不是绝对正确的思想，任何教学都还可以进一步改进。站在讲坛上的人，也一样。

站在讲坛上的人，不是完人，但是，他必是有一技之长的人，必是我师。

听着李志钢校长的演讲，走进即墨二十八中。我知道了，即墨二十八中，是以雷锋精神为内核，并以此生发"和谐互助"教育，构建"师友互助、一帮一"课堂教学模式的学校。

办学必须以思想、文化为背景、为底色、为支撑、为灵魂。许多学校的毕业班学生一考试完就如鸟兽散，可在即墨二十八中，学生毕业考试完，教育却并没完，学校每一年都要为毕业班学生举行以感恩同学、感恩老师、感恩父母、感恩学校、感恩社会为主题的隆重的毕业典礼。学生的家长要参加，学校的老师要参加、肄业班的学生也要参加。校长要为每一个毕业的孩子颁发毕业证书，要给每一个毕业的孩子一个亲切的拥抱；毕业的孩子要向父母深深鞠躬。怎样鞠躬，鞠躬应用多长时间，预计达到怎样的效果，学校都会仔细设计。

要办好学，就得用心、就得智慧。即墨二十八中改革后的课堂教学模式。即墨二十八的课堂教学模式是以"师友互助、一帮一"为组织形式，合作、探究在对子之间进行。这样的模式，既培养了学生自主、合作、探究精神与能力，又容易操作，且能保障课堂学习目标的落实。只要落实了新的教学理念，只要牢固地树立了为学生的全面健康发展而教学的思想，不同的学校可以有且应该有改革课堂教学的不同的方法。

与杜朗口学校的崔其同老师共进午餐，预想能与他有更多的交流，能学到更多的经验，得到更多的启发，可崔老师少言，我也少言。一个老师少言，能上好示范课吗？我相信，他能。多言的老师，教学容易出彩；少言的老师，教学也许更有成效。

崔老师上的是语文课，教学杨绛的《老王》。崔老师以"老王是个什么样的人"这个问题为中心，组织学生通过自主、合作、探究，学习文章中涉及的字词、修辞手法以及文章的篇章结构。这样的教学是我喜欢的语文教学，从某个角度或某个小问题出发，完成一篇课文的学习。这样的教学，表面上只是学习了一个小问题或一个主题，但实质上，它很简洁地完成了一篇课文的学习目标。

崔老师的教学，也完全是学生自主学习的一个过程。崔老师先要学生自主学习、探究"老王是个什么样的人"，但学生的探究是发散的，甚至有些还偏离了课文。此时，崔老师出现了，他总结说："对于老王，我们可以用'苦''善'两个字来概括。"从而引导学生跳跃到另一个更高的层面。崔老师接着又要求学生再进一步探究"老王的苦与善表现在哪些方面？"现在的课堂教学提倡学生自主学习，但强调学生自主学习，不是不要老师，而是老师在组织学生自主学习的过程中要及时、恰到好处

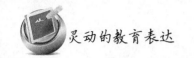

地点拨提升，引导学生一步步地向高处、深处进发。

课程是学校为实现培养目标而选择的教育内容及其进程的总和，课程是学校教育的主要内容，也可以说，学校是以课程为依据培养学生。有怎样的课程观，就有怎样的学校教育。反思一下我们的办学，我们是不是把国家规划的课程分成了三六九等，区别对待？我们是不是不顾实际而生硬地传授课程？

东庐中学对待课程的观点与实践就不一样。他们让门门课程平等化、国家课程校本化、校本课程精品化、德育和综合实践学习活动课程化、实践课程生活化。他们不是把国家规划的课程拿来就用，而是要先使之转化成切合教学实际的课程，他们不是让学校的学习活动杂乱无章，而是把形形色色的学习活动整理、构建成新的课程，教与学都切合实际，有章可循，保障了学生都有收获。也许，这样清晰的认识、思想与实践，我们不曾有过。

要引导学生合作、探究学习，就一定要以合作学习小组为依托。建设合作学习小组，许多老师认为是个难题，甚至有些老师搞了多年的合作学习小组建设，班内的合作学习小组还没成型，学生还不会以合作学习小组为依托开展学习。可杜朗口学校的崔其同老师、铜都双语学校的何文老师却不同，他俩都在二十分钟左右建设好了班内的合作学习小组，并以此为依托完成了一节课的教学。

崔老师是清晰地讲、手把手地教小组合作学习的方式。他先讲课堂学习时，学生个体可以怎么做，如发言时不要举手，要发言，就站起来，说完了，不要等教师喊坐下，可自行坐下；每个学生的每一次发言都可以转化为这节课的学习成绩等。然后把一个班的学生分成小组，让有意愿的学生担任组长，再讲小组合作时，学生可以怎么做。

何老师与崔老师的做法又完全不一样。何老师不讲学生个体应该怎样学习，小组应该怎样合作，何老师只是做了一个游戏，小组学习方式的培训尽在游戏中。上课前，教室里的桌子以小组的方式排列好了，学生走进教室，男同学、女同学不自觉地分开坐成了小组。何老师不动声色，只是与学生们做起了游戏。通过游戏，男女同学就均匀地分开了，形成了自然的合作学习小组，最重要的是对学生个体与学习小组进行合作学习方式的培训。做完游戏后，学生放松了、自然了、快乐了，对学习充满了激情，也掌握了小组合作学习的方法。课堂学习证明，两位老师的小组合作学习培训非常成功。

难事，只是对自己而言的，对别人再难的事也不一定是难事。建设合作学习小组对有些老师来说，是难事；对像崔老师、何老师一样的老师来说，就不是难事，而只是一件二十分钟左右就可以解决的事。

即墨二十八中的李志钢校长，讲到了他们学校的一位老校长。他说，这位老校长是一位优秀的校长，奠定了即墨二十八中的发展基石。他采用开玩笑的方式讲了那位老校长办养猪场的故事。那是 20 世纪 80 年代，时兴学校办校办产业，即墨二十八的前身只是一个农村小学，农村小学怎么办校办产业？老校长为了办出一个校办产业，就喂了六条猪，向上面报告说办了一个养猪场。老校长"欺上"的做法，并不是精彩之处，精彩的地方是学校养的猪，能听懂老校长的哨声。一声哨响，猪跑出猪圈吃；两声哨响，猪跑进猪圈睡。因此，学校的名声大振，四面八方的人都来学校参观学习。李校长绘声绘色的讲述，让大家满心欢喜、感觉轻松。

但东庐中学的陈康金校长的演讲却不一样，他不厌其烦地讲述他或他们学校的教学历程，说他们经历了：每日一练——自编同步练习——开展活页备课——编制导学卡——推进五精五避免策略——开展分班分流分层教学——推行集体备课制度——进行企业化制度管理——开展目标教学——形成"以人为本，教学合一"的师生共用的讲学稿一个长期的发展历程。陈校长的讲述平淡而无奇，大家觉得没什么可学的，就厌倦了。

听着李校长、陈校长这样的演讲片断，我们可以学什么？我们不要把李校长的养猪故事当成一段博得大家一笑的演义，我们应走到故事的背后去。老校长把猪都养得这么好，一个学校还管不好吗？那些灵动的学生还教育不好吗？老校长认真地喂好猪，就可以得到四面八方的膜拜。如果我们一心一意地办学，还怕学校办不出特色？还怕事业无成？我们也不要厌倦陈校长平淡地述说。陈校长平淡的述说后面，有着我们要学习的高贵精神与方法。陈校长或他们学校始终在不断地提出设想、实践设想、客观地面对设想在实践中的困难、解决困难、继续完善创新设想。这样的历程，从 20 世纪 80 年代开始，一直没中断。陈校长讲的教学历程，是教学发展的

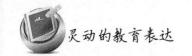

本质特征。教学的发展是一个不断提出设想、实践设想、完善创新设想的过程。一个教师、一个教学管理者最要学习陈校长，遵循教学发展规律、锲而不舍、客观面对困难、不断开拓创新的实践精神与能力。

知道了什么，并不是学习的全部

专家、名师在台上，我们在台下。台上的人，是我师；台下的我，是学生。我们在学习，学习的是名校与名师的教学范式与教法操作方法。

可什么是学习呢？学习，就是我们坐在台下、专家与名师坐在台上这种形式？学习就是我们知道、理解专家、名师的思想、经验与实践？我想，这样，还不是学习的全部，还不是真正的学习。

孔子说："学而时习之。"这说明，学和习是两个既有联系又有不同的概念。学是获得知识、技巧和能力；习是复习、练习、掌握知识、技巧和能力。要获得知识、技巧和能力，了解、知道是不够的。《中庸》指出，学习是一个"学、问、思、辨、行"的过程。学还只是学习的起点，问、思、辨、行才是学习的主要内容与真正实现学习的关键。

不管是学习李志钢校长用心、智慧、有思想的办学，还是学习陈康金校长锲而不舍地优化教学的经验与精神；不管是学习杜郎口中学、洋思中学、铜都双语学校的教学模式，还是学习崔其同、何文老师建设合作学习小组的方法。我们都不能只停留在知道这些学校、这些名师做了什么、怎么做的这个层面上，我们要继续思考，把他人的思想、经验与做法转化成我们的实践。这正如我们吃下食物，还要把食物消化成养料，进而使之转化为我们矫健的步伐。

像盛开的花一样的老师
——大同小学考察学习一得

不管去哪一个学校考察学习，我总能看到闪光的思想与行动。实践教育这么长时间了，自己还有这样的姿态、这样的眼光、这样的心灵，我为自己感到骄傲。

去长沙市芙蓉区大同小学考察学习，我同样看到了许多闪光的思想与行动，特别是那些像盛开的花一样新鲜、美丽、动人的老师，最让我铭心。

给小学一年级学生上篮球课的是一个帅小伙，他的课在音乐中进行。他的课不是一般的体育课，而是用音乐浸染了的体育课，是亲切、热情、活力四溢的体育课。他的课就是一场游戏，游戏中，他与孩子们一起玩拿球、拍球、运球。教学的他，就是游戏的他，与一个孩子没两样。

公开课，是一件公开发表的作品，更多时候它不是某个人的私人作品，而是一个团队协作完成的作品。

这节体育公开课，就由体育组的全体老师共同打造。课前，有老师帮忙运送体育器材、整理场地；课中，有老师播放背景音乐、记载教学实况；课后，又有老师协助整理器材与场地。

团队人员共同协作，不只是对上课老师的关心与尊重，更是对工作的尊重，对观课者的尊重。这个团队的老师都像花一样，春天来了，就都盛开。盛开的花，是对春天的礼赞，也美了整个春天。

熊老师，是位女老师，48岁了，还担任小学二年级的班主任，她是位慈祥的老

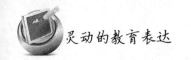

师、温情的老师、充满爱心的老师。她说，尽管自己是个老大姐了，但只要进了教室，自己的心一下就纯净了，像个孩子了。她说，管理学生，规矩要，但更重要的是爱每一个学生，她主要用眼神管理学生。她说，在低年级，她下课不离班。

柳老师，50岁了，同样是位女老师，同样还担任班主任。她说，班里的课外活动都由家长安排，由家长邀请老师参加。她说，自己以积分制度管理班级，让孩子每天都赚分数回家。柳老师，是位有气势的老师，严厉的老师，讲原则的老师，干练的老师，不会出丝毫纰漏的老师。

什么是好老师？好老师没有标准的形象，熊老师、柳老师不同，但都是好老师。她们尽管年纪都不小了，但没有倦怠，没有放弃，没有随便，没有消沉，而是像花一样，新鲜、美丽、令人感动！

在学校，要实现学生的全面发展，就需要有符合学生发展要求的、全面的课程。全面的课程怎么来？国家给我们设计了一些，但更多的要来自于学校的老师。

在大同小学，每个老师都是课程的开发者；校本课程，就是学校老师的爱好和特长的重构与升华。某个老师，是专任的语文老师，也可能是教围棋的老师、教剪纸的老师、教书法的老师、教小说创作的老师。

学生要有德，老师就要有德；学生要有情，老师就要有情；学生要有艺，老师就要有艺；学生要能合作，老师就要能合作；学生要全面发展，老师就要全面发展。

人具有多面性，老师身上也必然承载着多方面的能力。老师若能把自己的能力转化成课程，若不只成为一本书，而能成为一个小小的图书馆，那真是学生的幸运。

大同小学的老师如花，不只有美丽的色彩，美丽的色彩里还散发着特有的芳香。

任何一个学校的老师都是形形色色的，总是各有各的性情，各有各的思想，各有各的追求。但在大同小学，中层干部说，学校各部门的工作有自己的特色，但部门工作的理念与学校的办学理念一致；老师说，自己可以有自己的教学特色，但自己的教学理念与学校的办学理念一致。

一个团队，步调一致，是常理。但要落实这个常理，却不易。能与学校的办学理念保持一致的老师，不平常。这样的老师如花一样。花形可以有大小，色彩可以有不同，芳香可以有浓淡，但春天一来，就都开放。有了各种各样的花，这条路美了，这座园子美了。

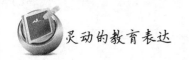

从肖川教授的讲座看过去

看教师的幸福

什么是幸福？要怎样才幸福？是人人都有话说的话题。儒家会说儒家的观点，道家会说道家的观点，佛家会说佛家的观点。其实，不管是怎样的人，即使职位高，威望大，想要把幸福的内涵统一起来，把求得幸福的路径统一起来，都是险而又险的梦想。

以幸福为主题做讲座，敢做、能做的人，不是一般人。肖川教授是我非常敬仰的人，我常追随着他的专栏文章、捧着他的书读。肖川教授不是一般的人，他做关于《教师的幸福人生与专业成长》有资格，只有他讲教师的幸福人生，才可能有无数的教师专心致志地听着。

肖川教授说影响教师幸福人生的因素有待遇、学校的人际关系、劳动强度、教师的专业自主权、专业素养、学校环境、学校设施、教师职业的社会声望、教师子女的成长状态、学生素质、学校制度、对教师的评价、学校的社会声望、教科书的质量、学校可利用、可开发课程资源的丰富程度、健康、社会期望、社会文明程度、生态环境质量、家庭境况、广泛的人际关系、相貌、专业成长机会等二十四种。其实，影响教师的幸福人生的因素还远不止这些，如一个教师的个性、工作单位的地理位置等。

归纳出影响教师幸福人生的因素，是讲教师要幸福，就要优化这些因素？或者说，其中某一个因素没解决好，这个因素就会造成教师的不幸福？如果这样，教师总是不幸福的。为了幸福，去追求每一件事都完美，去优化每一个因素，不可能获得幸福，只可能获得劳累与失望。

对常人而言，幸福只是一种即时的内心体验，不可能永恒。如周末悠闲地散步，幸福，周一接到繁重的工作，就不幸福了。生活中，美的事、好的事随处而在，坏的事、恶的事也随处而在。如果用心去体会，总可以感受到许多美的事、好的事。如路上遇到一位精灵一样的女子；如孩子甜甜地喊一声老师；如自己一教，孩子们就懂了。感受到了这些美的事、好的事，某些因素再残缺、再恶劣，教师体会到的都是幸福。幸福不分你我，不分贵贱；高贵的人可以幸福，低微的人也可以幸福。

追求幸福，不是向外求，不是去完善所谓的影响幸福感的每一个因素，而是修炼一个颗心。当一颗心不追求各种因素的完美时，人就幸福了；当能够为他人的幸福而努力，能为他人的幸福而感到幸福时，人就幸福了。

看教师的专业成长

肖川教授讲教师专业成长的路径是专家引领、自我反思、同伴互助。这个观点不新鲜，无法让我有灵光一现的感觉。

听着肖教授的讲座，我始终期待肖教授能讲些让我体会到灵光的观点，如专家如何引领？如何组织专家引领？如何自我反思？如何引导教师自我反思？同伴如何互助？如何组织同伴互助？

肖教授讲，教师需要有文化底蕴，对教育的理解、有智慧地讲一节课要做到真诚、深刻、丰富，尝试阅读、注重积累、细腻思考、精当表达、坚持写作、掘井及泉是增强文化底蕴的方法与路径。

教师确实需要像肖教授讲的一样，但肖教授描述的是广大教师的所作所为吗？是广大教师可能的所作所为吗？

不是，肖教授描述的只是一类教师的所作所为，且这一类为极少数。有文化底蕴、有教育技艺和智慧的教师很难见到，真诚、深刻、丰富的教学也很少见，尝试阅读、注重积累、细腻思考、精当表达、坚持写作、掘井及泉更是极少数教师的生活与工作方式。

许多教师并不属于肖教授所讲的这类教师，并且教师听肖教授再多的讲座，也

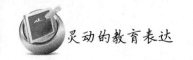

难以，甚至不可能变成这类教师。再遗憾的是，难以改变，不能改变的现实是，不属于肖教授所讲的那类教师的人却一样也能成为教师。

看教育的方向与方法

肖教授继续讲座，题目叫做《教育的方向与方法》。这是我的期待，我真想知道更多让我耳目一新的教育的新方向与新方法。

肖教授很有才华，能出口成章。如，能一口气连用十几个成语或十几句歌词描述某个教育事实。肖教授也很有深度，能层层剥茧、深刻地理解我们平常人不求甚解的词的含义，如"经验"是什么、"分享"是什么、"善"是什么等。

肖教授讲教育的方向，但肖教授没必要讲教育的方向，因为国家的教育方针就是我们最明确的教育方向。

肖教授讲教育的方法，肖教授却始终没说过教育的方法。肖教授讲的，只是对教育的描述。例如学校教育不仅要对学生的升学考试负责，更要对学生的终身幸福负责；我们的教育要能够让学生学会自律、自主、互助与合作，要能提升他们的生命质量和生命尊严意识；教育不仅要开发学生谋生与自主的能力，使学生有能力创造属于自己的幸福人生等，不一而足。

肖教授的话类似于警句、格言。但警句、格言再工整、寓意再深刻、再美，也不是方法。对于方法，肖教授只字未提。

肖教授讲《教育方向与方法》，对坐在台下的广大教师来说，就是教育，是教广大教师理解、掌握教育的方向与方法；肖教授讲授《教育方向与方法》，也应该有教育的方向与方法，可肖教授教育我们的方向与方法是什么呢？

这个追问揭开的是一个教育黑洞：启发学生的智慧，可启发的方式智慧吗？培养学生的道德，可培养的方法道德吗？肖教授教我们《教育的方向与方法》，可肖教授的教有明确的方向与智慧的方法吗？

这些问题的答案常常是否定的，包括肖教授教我们《教育的方向与方法》的方向与方法。

学习"群文阅读教学"之思考

品牌是教学的生命力

为人、处事，有好的特色，这个人就能得到他人的认可。他人的认可可以换来自己的快乐与幸福。这很像一个企业，企业有自己的品牌，且能不断地创新品牌，就不会衰败，就有强大的生命力，就可以得到更大的收益。

教师教学与办企业一样，也要有自己的品牌。有品牌，且能不断地创新品牌，教师的教学就能充满生命力，教师就会收获一份快乐、幸福的生活。

如果一个教师年年月月都在教，教学却没形，这样的教学就毫无生命力可言。

同样，如果一个学校的办学就是把学生收进来，就是安排课表，就是查查教师是否写了教案、批了作业，就是组织考试，再把学生送出去，从没形成过在社会产生影响的教育品牌，那这样的学校也毫无生命力可言。

但再多毫无生命力的教学也挡不住生命的生长。这个世界始终充满蓬勃的生命力。现实中总有无数充满生命力的教师、充满生命力的教学、充满生命力的学校。

群文阅读教学，是某些教师的教学品牌；探索、实践群文阅读教学的教师，是充满生命力的教师。

好的教学是开放的教学

群文阅读教学，就是在较短时间内，针对相同议题，进行多文本阅读的教学。

群文阅读教学像许多的教学法一样，是某些教师手头的品牌。当你看到这个品牌，

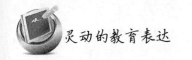

或听到其所有者宣讲这个品牌时，它的优势可以震撼你的心灵、遮蔽你的眼睛。

但群文阅读教学，只是阅读教学的一种，阅读教学只是语文教学的一个方面。教学语文不只是教学阅读，教学阅读不可能只按群文阅读方式教学。学习或运用群文阅读教学，需要的是开放的胸襟与理智的思维，我们不能一叶障目，不见森林。

群文阅读，不只是以朗读或默读的方式读完文本，不只是孤立地理解一组文章；群文阅读更重要的是学生要围绕教师所确定的议题，主动经历分析、概括、比较、想象、联想、推理、判断等思维活动，得出属于自己的结论。这样的学习过程，类似于写作论文的过程，是一个培养高级思维能力的过程。

群文阅读教学，更是一种开放的教学，它把囿于教材的阅读教学拓展到所有文学作品的领域。执行这种教学，需要教师有勇气、有能力克服教材的局限，走入浩如烟海的文学作品之中，且智慧地从文海之中捞出自己所需要的那一小组文章。教师主动地建构教学材料，学生自主地学习，彰显着群文阅读教学的开放性。

当然，开放还可进一步，阅读的视域还可以延伸到历史、地理、科技，甚至所有的文本领域；随之，阅读的议题也可更加开放，可以不再局限于语文知识范畴。这样的教学是现实生活型的阅读教学，是真正全面培养学生素养的教学。

教学的成效只与教师有关

群文阅读教学是围绕议题展开的。同一个议题，可以由不同文章的组合来体现；一组文章，可以从不同的角度提炼出不同的议题。但任何一个议题，都不是某组文章所固有，教学材料的组织是在教师教学理念指导下的组织，没有教师的教学理念，任何一组文章都没有议题。

某册语文教材，第一单元安排了一组写自然之美的文章，第四单元安排了一组写破坏自然的文章，第七单元又安排了一组写人与自然和谐相处的一组文章。执行群文阅读教学法专家说，也可以把这三个单元的文章组成一组，以人应如何与自然相处为议题，进行群文阅读教学。

教材与专家处理教材的方式，谁好？谁坏？

没有谁好，也没有谁坏。教材这样处理，体现的是编者的思想；把三个单元的文章组织在一起，体现的是专家的思想，都有合理性，都有美好的教学期待。

当然，教学理念的生成，教学方法的选用也是有依据的。处理教材、选择教法最重要的依据就是学生的学习实际。如果学生的阅读、理解能力还不够强，最好是按照教材的编排教，循序渐进，螺旋上升；如果学生的阅历丰富、阅读、理解能力较强，就把三个单元的文章都放到一起教，学生可以在单位时间内系统地、整体地感受自然之美、理解保护自然的意义。

美好的教学期待，能否实现，决定于教师的教。运用群文阅读教学法，一定有好的成效吗？教学效果，与教学方法无关，只与教师的教法运用有关。甲教师这么教有效，乙教师这么教却不一定有效。教师手中的教法，是一把双刃剑，它可以立功，也可以闯祸，关键看教师怎么用它。

不能坐等现成的教学

在欣赏、学习他人的教学时，教师总会提议：请给我们编一套反映这种教学的教材吧，请告诉我们一种可操作这种教学的模式吧。欣赏、学习群文阅读教学时，有些教师也这样想，这样提。

听到这样的想法，心中有些不是滋味。

可以说，这样想，是想不努力，是想拿来就用、简单行事、坐享其成，是懒怠的表现。

群文阅读教学，需要教师根据学生实际，选定议题，再从浩荡的文海里组织文章，它是一种开放的教学，是一种需要教师突破教材的局限、主动思考的教学，它注定不可能是一种"依样画葫芦"的教学。

编得再好的教材，提炼得再好的教学模式，对于教师来说，都是一种局限。一套群文阅读教材，只能把局限于一本教材的教师转移到一套教材的局限里；一个群文阅读教学模式，只能把局限于某种教学模式的教师转移到了另一种教学模式的局限里。

这样说，不是说不要教材与模式。教材是知识与文化的表达，模式是教学方法

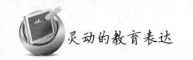

的表达。独特的教材与教学模式是有形的教学品牌，没有教材与模式，教学就无法表达，教学也没有品牌。

学习他人的教学，在一定程度上就是学习课程构建与教学模式。对于一个不够成熟的教师，教教材、模仿模式是必要的；但对一个比较成熟的教师来说，学习教学方式，只能是在理解、参考、内化的基础上，构建教材与模式。刻板地运用他人的模式，只能是给自己掘一口井，自我局限自己的思维、眼界与空间，无自己的品牌可言，无生命力可言。

群文阅读教学，有自己的教材，也有自己的教学模式，但它只是一种实践、一个品牌的物化。开展群文阅读教学，不能仅依群文阅读教材而教，仅依群文阅读教学模式而教，否则，群文阅读教学就会失去灵魂，就不再是群文阅读教学。

让学生有趣地读有趣的书

群文阅读教学立志于让学生读有趣的书，让学生有趣地读书，让学生喜欢读书。这容易吗？

有趣的书，不是对于教师来说的，而是对于学生而言的。要知道什么样的书对于学生来说，是有趣的，需要教师在构建群文、编写教材时，不能仅从教师出发，而要研究学生、理解学生、懂得学生，要从学生出发。

有趣地读书，也不是对于教师来说的，而是对于学生而言的。是与同学们一起读有趣？还是一个人安静地躲在角落里读有趣？是端坐着读有趣？还是随地而坐地读有趣？是一目十行地读有趣？还是边读边思考边做笔记地读有趣？回答这些问题，不能仅依教师的意愿，还要依学生的意愿。

喜欢读书，也不是对于教师来说的，还是对于学生而言的。有些学生喜欢读童话、有些学生喜欢读诗歌、有些学生喜欢读小说、有些学生读侦探故事……教师的喜欢绝不会是全班学生的喜欢。让学生喜欢读书，就要让学生选择自己喜欢的书读。

群文阅读教学，是一种以学生为本的教学。

开展群文阅读教学，需要教师开放自己的胸襟，打开自己的思维，站在学生的角度，顺着学生的兴趣，让有相同志趣的学生组成小组，让不同的小组读不同的文章。

顺势而为，可以实现群文阅读教学的目标，促进学生发展。

当然，培育新的阅读趋势，也可以实现群文阅读教学的目标，促进学生的发展。教师巧妙地推介不同体裁作品，引导学生感受不同体裁作品的美，激发学生阅读各类文本的兴趣，让教师的兴趣变成学生的兴趣，让教师眼中的美成为学生眼中的美，让教师的智慧点燃学生的智慧。如此以往，热爱小说的就会更爱小说，不爱诗歌的学生也可能爱上诗歌。

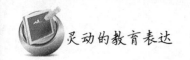

生发于"中国好课堂"博览会上的思考

关于开办讲座

搭起讲台，摆上座椅，时间一到，讲座就开始了。这是专家开办讲座的主要方式。坐在这样的讲堂里，许多疑惑萦绕心头。

讲座者知道坐在台下听讲的是怎样的人吗？听讲者知道讲座者将讲什么吗？

如果不管坐在讲台下的是怎样的人，讲座者就讲，那讲座者的讲不就成了对牛弹琴吗？如果不管讲座者讲的是什么，听讲者就坐在台下听，那听讲者不是盲从吗？怎么能收获到想要的收获？

疑惑还不止这些，最大的疑惑是讲座者不知对谁讲，却反复强调自己的讲座意义重大、珍贵无比；听讲者不知道自己需要什么，为什么要听，却从容地端坐在座椅里，做出一副百听不厌的样子。

关于参加培训

专家在台上讲，我们在台下听。在这样的方式里，我们被称之在参加培训。

我们真的在接受培训？我们知道专家讲了什么？专家的观点点燃了我们的思考？我们有所收获？

这些问题，往往难有定论。

如果我们用了心，我们的思维一定会随专家的讲授而舞；如果我们的心不在专家的讲，我们的思维就如僵尸，专家就讲得平庸，讲得空洞，我们就一无所获、烦躁难耐。

是否真的在接受培训，思考是其根本特征。用心，有所思，参加培训就有所学，学有所成；无心，无所思，参加培训就无所学，学无所成。

关于教师读书

专家一般是喜爱读书的人，读书的专家常以迫切的心情大谈读书的重要意义，以让每一个人都成为读书人而后快。

可教书的人，许多不喜欢读书。许多教师除了读教材，很少读其他的书。

不喜欢读书的人，不是没有喜欢，而总有属于自己的喜欢。如喜欢家务，喜欢娱乐，喜欢这个，而是喜欢那个，只是人生的一种形态。一个人喜欢读书，还是娱乐或碌碌无为，常与命有关，与运有关。

人生的意义在于好好地活着，活着尽可能地对他人有益。读书有意义；娱乐，甚至碌碌无为，也有意义。

教师是教书的，教师读书，且不断地读书、广泛地读书，自然非常重要。但一个现实总会摆在我们的面前，那就是几乎没有办法让每一个教师都成为读书的人，或者让一个不喜欢读书的人不成为教师。

专家或者喜欢读书的人，可以大声疾呼教师读书的重要意义，可以为教师喜上读书而努力，但大可不必为谁喜欢娱乐而惋惜，为谁不喜欢读书而痛苦。

关于转变观念

不只是专家，就是一般的教师，都知道，要改革教学，必须先转变教师的教育观念。

可教师学习了很久，管理者提出了很多要求，许多教师的教育观念还是没有改变。

要怎样才能有效转变教师的教育观念？我想，要回答好这个问题，关键要理解什么是观念，观念是怎样转变的。

首先来看什么是观念。观念是人的大脑对客观环境的反映。我认为，这种反映可分为正反两种类型：一种是人的大脑对客观环境的正确反映。如学生通过高考，可以上大学，上了大学，可以有好工作，有了好工作，就可以有好生活。在这客观环境之上形成"为高考而学，为高考而教"的观念，在一定程度上就是人脑对客观

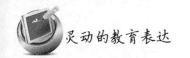

环境的正确反映。另一种是人的大脑对客观环境的不正确反映。如学生与教师是教学的两大要素，学生是孩子，老师是成人。在这种客观环境之上形成"学生必须听老师说教"的观念，就是人脑对客观环境的不正确反映。因为老师没有认识到自己尽管是成人，自己的说教也不可能永远正确；学生尽管只是孩子，孩子也有独立的见解与人性尊严。学生不能总是教师说教的对象，特别是对于教师错误的说教，学生就不必听。

再看观念是怎样转变的。先看怎样转变人脑对客观环境不正确的反映。转变人脑对客观环境不正确的反映，其根本点就是认知主体要通过观察、学习、研究方式明确客观环境是什么。如尽管学生是小孩，但其学习方式有自学（如不经意间学会了爸妈说话的样子，生活的习惯）、玩耍中学（如与同伴的玩耍中学会了帮助与忍让）、教师的教中学等多种方式。教师通过观察、学习、研究了解学生学习的客观现实，教师就可能转变"学生学习就是好好听教师讲授"这种不正确的观念，就可能采用不同方式组织学生学。

人脑对客观环境所做出的正确反映，需不需要转变呢？也需要。因为客观环境总是局部的，局部的环境中形成的观念放到全局的环境中，就不一定正确。如学生通过高考可以拥有好的生活是客观现实，但它对于学生长远的、变化万千的人生来说，却只是一种可能的现实。"只为高考而学，只为高考而教"的教育观念尽管是人脑对客观环境的正确反映，但它忽视学生生命的存在，也需要转变。同时，客观环境也总是处于当下的，放在时间的长河里，客观环境是时刻变化的。当下形成的观念放到将来往往是不合时宜的，观念要能指导实践，就必须与时俱进，此时形成的正确观念，对于将来不一定正确，就必须转变。

转变观念，不是简单、强硬地用一种观念去代替另一种观念。客观环境像树，树开的花是观念，想要一棵树不开这种花而开那种花，往往是徒劳。转变观念，在一定程度上就是改造客观环境。如果在我们的社会里，学生通过高考，上了好大学，过上了好生活；学生没通过高考，没上好大学，但个性品德好，勤奋努力，也过上了好生活；学生有文凭，走上了重要的岗位；没文凭，但有能力，也走上了重要的岗位；社会上的招考、招聘不把学历作为第一门槛，那"为高考而学，为高考而教"

的观念就会自然转变。

关于教改成败

专家说，推进教学改革，教师、管理者与家长却担心改革失败。

教学改革，是在新的教学理念指导下，革除旧弊，创新教学方法进行教学。教学改革在课堂的表现是新的教学方法的创造与运用，教学改革的成功与失败，其实是指某种教学方式的成功与失败。

什么是一种教学方式的成功与失败？是否可以这样认知：任何一种教学方式都有成果。成果好，且多，如一种教学方式让学生学得快乐，交流表达、探究创新等各种能力得到发展，学生在各类考试中成绩也优异，我们就说这种教学方式是成功的；成果不好，或少，如一种教学方式让学生心生厌倦，品行令人失望，考试成绩也很差，我们就说这种教学方式是失败的。

如果这么认知教学的成败，那教学改革的成败是通过比较得出的，是通过对不同的教学方式所产生的成果质量与数量进行比较而得出的。

但比较必须在同类之间进行。不同类型的事物，是无法比较其优劣与成败的。教学方式有各种不同的类型，不同类型的教学对学生培养的侧重点不同，目标有所区别。如西方的教学更注重学生个性的发展，探究、创新能力的培养，而我国的教学更注重学生集体意识，识记、理解能力的培养。根据这两种教学方式的成果来比较其成败，就不妥。

不假思索地通过新的教学方式的成果与旧的教学方式的成果进行比较来判定教学改革的成败，不可取。衡量教学改革的成功与失败，只有把新的教学成果与新的教学方法所预期的成果进行比较，才恰当。

一般的教师、管理者与家长常以学生在考试中成绩的优劣来评判教学改革的成败，不恰当。教学改革的成败，往往不是一般教师、管理者与家长心里的成败。

关于让学生喜欢学习

活到老，学到老，是人生的基本形态。不管学生喜欢学习还是不喜欢学习，不

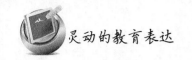

管学生在学校学习还是不在学校学习，学生的成长过程，总是一个学习的过程。

专家谈到学生是否喜欢学习，其实是说学生是否喜欢正规的学校学习。

学校里，一定会有许多学生真的喜欢学习，也有许多学生真的不喜欢学习。面对不喜欢学习的学生，老师常无比失落地疑问：一个学生，不要做养家糊口的工作，正是学习的好时机，可他们为什么就不喜欢学习呢？

其实，教师大可不必遗憾与痛惜。学生喜欢的事，很多。学生不喜欢学习，而喜欢其他，并非罪过。不管学生喜欢什么，喜欢就是学习，学习就是成长，成长了，就实现了人生的意义。

孩子喜欢上学习，对孩子的一生很有意义。正规的学校学习更是高效的学习，让孩子喜欢学校学习，是教师的根本职责。

但不管是学习还是工作，都一定会受到自我或他人对自我的约束。约束常会给人带来不适，甚至痛苦。约束之感是学生不喜欢学习的重要原因。

如果老师给学生带来的约束是有趣而艺术的，学生可能更容易、真正喜欢上学习。有趣而艺术地约束学生，是教师教学生的最高追求。

关于尊重学生的学习

专家说，尊重学生的学习是教师面临的重要课题。

教师的教与学生的学是一种对应关系。有怎样的教，就有怎样的学；有怎样的学，就需要怎样的教来支持。教师的教依赖于学生的学而存在，但学生的学习并不完全依赖于教师的教，没有教师的教，学生的学依然可以存在。

改革教学，其根本就是尊重学生的学习，就是尊重学生的学习需要，就是为学生创设良好的学习环境，就是指导学生运用恰当的方式学习。

学生的学习，包括许多内容，如动机、方式、成果等，其中核心的内容是学习方式。学习方式有形式各样。例如在老师讲解下学习、在老师的引导下学习、独立地学习、交流学习、合作探究学习等就是重要的学习方式。

具体而言，尊重学生的学习，就是学生需要教师讲解时，老师就给予讲授；学生需要教师点拨时，教师就给予引导；学生需要合作探究时，教师就组织学生合作探究；学生能够独立学习时，老师就让学生安静地、独立地、完整地阅读、学习。

如果学生无法理解时，老师却不讲解，硬要学生独立学习；如果学生需要合作完成科学实验时，教师却只在黑板上讲解科学实验的原理与过程；如果学生能够独立学好时，老师却提出一个又一个问题，把一篇完整的文章或一段完整的教材割裂成条块，引导学生学习，或硬要学生进行合作讨论交流，阻断学生独立的思维，只图形式上的热闹，不顾学生真正的学习需要。那就是不尊重学生的学习。

一种学习方式不可能覆盖所有的学习科目；对于不同的学生、不同的学习内容，需要有不同的学习方式。改革教学，教师需要创新、运用新的教学方法。但改革教学，不是唯新的教学方法，不是生搬硬套新的教学方法，而是要在新的教学理念指导下，尊重学生的学习，帮助学生运用恰当的方式学习，实现健康、全面发展。

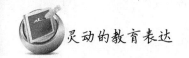

无奈与忧伤

——参加"基于真实情境跨学科思维型小学科学教学竞赛活动"的体会

万物只是"一"穿上了不同的马甲

说小学科学教学，大家都明白其意，说"基于真实情境跨学科思维型小学科学教学"，大家就不一定知道它是什么样的教学了。

道生一，一生二，二生三，三生万物。万物只是"一"穿上了不同的马甲。"基于真实情境跨学科思维型小学科学教学"并不是什么难以知晓的事情，冠以再多的修饰词，它也只是小学科学教学而已。

也许通过反问，更容易理解"基于真实情境跨学科思维型小学科学教学"的含义。科学学习必经历实验、探究与创新，科学教学不基于真实情境，难道可以基于虚假情境？科学本是一门综合性学科，不跨学科，科学教学怎么能够进行？知行合一，知行不可分，学生以实验、探究、创新的方式学习科学，怎么能不启动思维？

基于真实情境、跨学科、思维型，是科学教学的本质特征，科学教学必然要体现这样的本质特征。

但我们为什么还要标榜自己的教学是"基于真实情境、跨学科、思维型"？以"基于真实情境跨学科思维型"来修饰小学科学教学，是给小学科学教学穿上独特的马甲，以示我不同于你，以示新意而已。

别为自己不精益求精找借口

公开课、比赛课，往往是反复锤炼、反复演练的课。对于这样的课，许多人不喜欢；甚至某些教育专家也不喜欢，说这样的课是浪费人力、财力的课，是作秀的课，是没有多少参考价值的课。

我却认为公开课、比赛课是很好的教学范例，更重要的是它体现了教学精益求精的属性。教师要上好课，要成为一名优秀教师，就不能始终处于随便的、无所谓的、平常的工作状态中，而必须使自己的教学精益求精。

我是第二次听唐老师上"污水与污水处理"一课，感觉唐老师一次比一次上得好。我也了解到这节课的教学设计是集体力量的结晶，唐老师在课堂上的每一句话、每一个动作都经过推敲。这样的锤炼看起来费时费力，平常教学中也少见。但要想有好的教学，学校必须组织教师集体研讨教学，教师必须认真预设好课堂中的每一个细节。反复锤炼、精益求精是生成好的教学、成长好的教师的不二之路。

看不起公开课、比赛课，否定公开课、比赛课，不愿上公开课、比赛课，很大程度上是教师在为自己不愿精益求精地教学找借口。

什么样的专家令人尊重

给几百名教师讲课的专家来头不小，他研究创立了"思维型教学模式"，组织开发了"学思维活动课程"，强调没有学生思维的教学就不是真正的教学。

专家论说自己研究的教学模式时，论据充分，信心满满，但说到别的教学模式时，就表现出一副不屑一顾、肤浅的形态。

说"翻转课堂"教学模式，就是学生先回家看书，课堂上再做题的教学模式。说在这样的教学中，学生直接看到了书本给出的知识，怎么还能启发思维？说学生没有思考，只是知道了知识，只是会用知识解答习题，这样的教学是最典型的应试教育。

说到"10+35"（教师讲不能多于 10 分钟，学生学不能少于 35 分钟）教学模式，就更加嗤之以鼻了。说这样的教学真是一个大笑话，怎么能规定教师教与学生学的

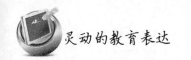

时间？怎么能把教与学分开？教师教时，学生就不要学了？学生学时，就不要教师教了？

专家还提到了"自学、合作、反馈"等各种教学模式，认为这些教学都不能启发学生的思维，都否定之。

其实，任何教学模式都只是从某一个角度、侧重地概括教学。教师在实践任何教学模式时都力求遵循教学的基本原则，力求全面实现教学的价值。但以文字命名的教学模式往往是一种片面的表达，是对他人的一种误导，这是文字的缺陷，是人认知的缺陷。如面对自主学习教学模式时，有人就误认为这样的教学不需要教师的教导。

专家简单地、肤浅地描述教学模式，是专家不理解其所说教学模式的内涵吗？也许，他是理解的。只是今天为了论述自己创立的教学模式的优越性，他才简单粗暴、不负责任、哗众取宠地给其他教学模式给予黑化。

一个教育专家能这样论说吗？显然不能。这样的论说至少会产生这样一种后果：由于老师对各种教法的理解不够深刻、全面，加之专家的权威，老师会认为专家说得有理；认为"翻转课堂"、"10+35"教学模式确实应彻底批判、一脚踩死；认为自己领导推行教学改革是不懂装懂、乱作为、搞形式主义、扰乱教师原本宁静的教学；认为自己曾经努力尝试运用"翻转课堂""10+35"等教学模式教学耽误了学生、耽误了自己。

专家不能由于自己被称为专家就认为无所不能，就认为自己可以信口开河。专家对研究不够深入的领域不要轻易议论，专家更不能兼任营销家，兼营销的专家阐述的学术观点难以公正与专业。

专家最令人尊重的品质是能够包容各种不同的观点，最令人尊重的态度是客观地对待一切事物，最令人尊重的研究是深刻地探求到了事物的本质。

无奈与忧伤

20世纪初，落后的中国渴望科学技术，"科学"这个词才从日本来到了中国。

"科学"一词在中国出现不久，但并不能说科学在中国存在不久。科学随人类的产生而产生，"格物至知"就是我中国古老而深刻的科学思想与方法。在没有科学这一词时，中国早就有蕴含科学内涵的"格致"一词，有"格致"一门课程。

现代社会更不可缺少科学技术，科学技术的运用与创新少不了具有科学素养的人才，要拥有具有科学素养的人才，一定要广泛、真正地开展好科学教育。

所以，新中国自从1978年3月18日起就不定期召开全国科学大会。中小学的课程经历了八次改革，每次革新的课程体系都包含有以常识或科学命名的科学课程。

科学教育从小学开始。

从政府的角度、专家的角度、课程的角度看，小学科学是小学一门综合型课程，与语文、数学一样，是小学一门基础性课程，是小学教育中一门非常重要的课程。

我所在的城市是三线城市，甚至可以说四线或五线或六线城市，我们的小学都知道要开设科学这门课程，但是，我们的小学几乎没有开足、开好科学课程！

为何我们的小学不严格按国家的课程计划开足、开好小学科学课程？

原因是多方面的。各种原因交织在一起，理还乱。面对理还乱的原因时，我常满怀无奈与忧伤！

一是学校办学条件与科学教育的要求不匹配。科学教育必在实验、探究与活动中完成，而学校没有能满足所有学生学习科学的实验室，不能为教学提供必要的实验器材。物质条件缺失，科学教育只能是空中楼阁。

二是低成本办学模式与科学教育的高成本属性不匹配。相对语文、数学等学科，科学教育需要更多的时间、空间与物质支撑。科学教育是高成本教育。如研究蚕的生长不可能在一课时内完成，观察某种树木或花草的形状不可能坐在教室里观察，指导学生分组实验班额不能太大，且必需要有实验室、实验器材。而我们的学校常为了减少人力成本就尽可能增大班额，为了达到应试目的就只让学生学习科学知识，为了减少教学准备与组织教学的负担就尽可能让学生整齐地坐在教室里进行学习。在低成本的办学模式中，真正的科学教育不可能出现。

三是文本考试方式与科学教育的内容不匹配。科学教育的主要目标是培养学生的科学意识、探究创新能力。而当前的考试只是文本考试，且我们的教育是以考试为目的的教育，考什么老师就教什么。文本的考试只能考学生所了解的科学知识，

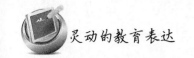

无法考查学生的科学意识、探究与实践能力，那老师也就只教学生科学知识，而不通过观察、实验、探究等方式去培养学生的科学意识、探究实践能力。不能培养学生的科学意识、探究创新能力，这样的教育也就不是科学教育。

四是传统的小学教育观念与科学教育的地位不匹配。传统的小学教育观认为：语文与数学是小学的基础性课程，科学是副科。有这样的观念，教育管理者自然不重视小学的科学教育的管理，教育研究者自然不研究小学的科学教育，广大教师自然会把本用于科学教育的时间去教语文、数学。科学教育在教学中可有可无、名存实亡。

五是小学科学教师的专业素养与科学课程的教育要求不匹配。科学是一门综合性学科，它综合了物质科学、生命科学、地理和宇宙科学、技术与工程四个领域。而师范教育一直以来是分科教育（现在有些大学开始开设科学教育这个专业了），所以，很少有小学教师具有多门学科的专业知识。当老师的专业素养达不到科学教育的要求时，教师自然不愿意担任科学教学，担任科学教学也只是应付。缺乏科学素养，老师所开展科学教育就不可能是真正的科学教育。

六是教师的利益追求与从事科学教育的收益不匹配。收费辅导学生已成时尚，已成了教师获得更多利益的重要途径。什么学科需要教师辅导？语文、数学，甚至美术、音乐、体育等学科。科学学习几乎无人需要辅导。教科学、研究科学教学，不可获利。利益面前，谁还愿教科学，谁还愿把精力花在科学教育上？

七是在我们的小学，我不期待有专业的科学教师教科学，但我期待教科学的教师队伍能够稳定、专业水平能不断提高。但有以上这些原因存在，我这样的期待也只能是空想。现实中，往往这一学期这个教师教科学，下一学期又是另一个老师教科学。

想想国家的要求、时代的需要、学生未来所需要的科学素养，我深感责任重大。可面对小学科学教育的现实，我只能是满心的无奈与忧伤。

老师应为何而教？

我常想，老师应为何而教？

老师要为领导的要求而教，要为培养学生的核心素养而教，也要为自己的利益而教。

可这些目的的内涵往往不同，甚至相互矛盾。

领导常只要求学校在某几门课的教学上取得好的考试成绩，而要培养学生的核心素养，学校却必须开足、开好各类课程，不能只关注几门能考、应考课程的教学。

学校教育之中，管理者、教师与学生的目的本应一致。可事实上，各个主体的目的不一致。不同的目的，就是不同的方向与路径。处于这样的情境之中，大家如何判断？如何选择？都非常艰难。站在不同的立场，选择不同的路径，就形成了纷乱的教育现实！

面向全体学生，基于培养学生的核心素养的教育是真正的教育。

面向全体学生，基于培养学生的核心素养的办学人、教育者必与管理者搏斗、必与世俗的育人观念搏斗、必与自己的私欲搏斗。这样的人，一定是满怀教育情怀的人，一定是纯粹的人，一定是一个了不起的英雄。

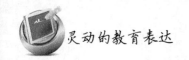

坚守，很纯粹

考察，学习后。总会问一问，想一想：许市中学怎样？黄金小学怎样？

你可以说这样，你也可以说那样；你可以投出惊喜的目光，也可以抛出不以为然、自以为是的眼神。

可是，这样还是那样，惊喜还是不以为然、自以为是，都只是你的认知、你的眼神。

千百人有千百认知、千百眼神。可不管有多少认知、多少眼神，许市中学还是许市中学，黄金小学还是黄金小学，许市中学不会是你的认知，黄金小学也不会是你的眼神。

想不到，特别是习惯了被靓丽的女子引导参观，就更加想不到，引领我们参观黄金小学的会是一位年过56岁的男教师。

这是一位名副其实的老教师。他戴着麦克风，带领我们走在学校的角角落落，如数家珍地介绍学校的国学课程与农耕文化博物馆。他讲得自信、自豪、热情、亲切，他的心不老。

走进国学馆，他举起天下第一教鞭（一根长竹竿），即兴在大屏幕上指导学生书写汉字，有板有眼，津津有味，其乐无穷。

这样的一位老教师，只是黄金小学的老教师中的一员，黄金小学的教师平均年龄56岁，大都属于老教师。

平均年龄56岁的教师坚守着黄金小学，坚守黄金小学的教师，坚守着400多名孩子，坚守着讲台，坚守着教学工作。

不，他们坚守的不只是四百多名孩子、讲台与教学工作，他们坚守的是一种心情、一种精神、一种生活方式。

坚守在黄金小学的老教师，已经很纯粹。

一个学校，规模小不要紧，教学设施简单点也不要紧，甚至，没有专任的学科教师还不要紧。

一个学校要紧的是，环境要整洁，办学要规范，师生要阳光向上，学生的全面素质要有所发展。

规模小，设施简单，甚至专任学科教师缺乏，学校也可以办出好教育，学校也可以成为好学校。

学校之所以办出了好教育，学校之所以成了好学校，关键在于学校教师用心用力了。

学习《挫折与人生相伴》（思想品德课），尽管学生运用导学案学习，尽管教师也组织学生进行了自主、合作、交流。可学生只是解答导学案上的这些问题：什么是挫折，挫折有哪些类型，我们面对挫折应有怎样的态度。这样的教学还是没有价值的教学，还是只是为了应付书面考试的教学。

好的教学，必须有正确的学科教学思想，必须准确理解学科教学标准。

思想品德教学，必须引导学生在经历中体验情感，形成态度与价值观。

如何学习《挫折与人生相伴》？

可以让学生先经历挫折（如要求在1分钟内记住20个单词，经历学习的挫折），再感受挫折（如讲述某学生临考时，父亲突然生病的故事，感受挫折带给人的艰难与失败），然后理解人生与挫折相伴（列举各种人生挫折，了解人生充满挫折），最后讨论面对挫折的态度（形成面对挫折的正确态度）。

不只是对于一个学生，就是对于一个成人来说，完全、持之以恒地自主学习，也难见。

学生的自主学习，必生成于老师与家长的规划、帮扶、引导与督促。

老师的规划、帮扶、引导、督促缺失，学生的课堂学习就可能随意、松散、低效。家长的规划、帮扶、引导、督促缺失，学生的生命就可能像缕青烟，慢慢散失。

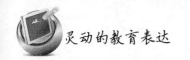

学生的课堂学习可以分为以下三种类型。

一是跟着教师学。这种学习方式中，教师主宰课堂，教师教（或讲），学生跟着教师学，教师教什么，学生就学什么。

二是跟着同学学习。这种学习方式中，学生主宰着课堂，部分学生通过合作、展示等方式开展教学工作，另一部分学生跟着展示的同学开展教学工作，同学讲什么，自己就学什么。这与老师讲学生听有些区别，但其本质基本一致。

三是自己主动学。这种学习方式中，学生启动了思维，通过独立、合作、交流等方式学习知识，掌握方法，发现新知。其典型表现是学生的学习是自主的，学习中能提出自己的见解与心得，而不只是教师（或同学）讲什么，就学什么。

第一种学习方式，是大家天天喊要摒弃，可它却是最常见的。第三种学习方式，是大家期待的，期待的总是很难见到。改革中，大家常自以为是地把第二种方式当成第三方式，这样一来，最有价值的学习方式迷失了。

一课时的学习内容，学生花一课时自学，再花一课时展示所学的内容，是当前课堂教学的一种典型模式。

这种教学模式，实实在在地培养了学生自主、合作学习的能力，培养了学生的交流、表达能力；这种教学模式，如平静水面上长出的一朵莲，令人耳目一新；这种教学模式常被大家学习。

但这种教学模式肯定不是一种最好的教学模式，至少它多花了更多的学习时间，至少它难以在严格执行课时计划的学校推广。

大道至简。好的教学，应能以极简的方式完成教学任务，应能被严格执行课时计划的学校运用。

学生依导学案学好了学习内容，或者说学生完成了导学案上的相关问题，接下来的教学应怎样继续？

是学生展示导学案的相关内容？

是个别学生给其他学生讲解导学案上的一个又一个问题？

如果是，那这种有导学案，有合作、有展示的教学仍然是一种不顾学情的重复与灌输，与教师讲学生听的教学没多少区别。

不顾学情的重复与灌输，不是应有的教学。

如果教师真的知道学生依导学案学好了学习内容，那接下来教师应做的就是以问题解决、表演情景剧、质疑辩论等方式来检测学生的学习效果，提升学生的学习能力。

他人的校园已被他人整理得雅致整洁，他人的学生已被他人培养成能够自然、真实、高效地合作、探究学习的能人。

他人已把大扫除、把教学做到了精致、完美、艺术。

你说，这没什么了不起。

你说没什么了不起，并不说明你知道怎么清扫校园，知道怎么组织学生自主、合作、探究学习，并不说明你已清扫了校园，你已组织了学生自然、真实、高效地合作、探究学习。

你说没什么了不起，只能说明你拒绝雅致、整洁，拒绝精致、完美与艺术，只能说明你拒绝改变，拒绝行动。

学校办学的弊端，总是随处可见，即使在我们所考察、学习的许市中学、黄金小学，也随处可见。如不按课程计划开课，随意地把音体美等课改成语文、数学等课，白天一整天上课，晚上还上四节文化课等。

课堂教学的缺陷，总是随处可见，即使在我们所观察、学习的许市中学、黄金小学的课堂上，也随处可见。如教师把握不准教学的内容，教师不顾学生的学习实际而采用教师（或学生）讲学生听的方式教学。

人无完人，任何学校不可能完美，任何教学也不可能完美。

我们来到了许市中学、黄金小学，就别管随处可见的弊端与缺陷；我们来了，就向学校学习，就向老师学习，学习他们的创新之处，学习他们的成功之处，学习他们惊人而卓有成效的坚守。

我是幸运的人（后记）

这本书面世时，我实践、研究教育三十年了。

三十年来，我做过教师，做过教务主任，做过校长，做过学区党支部书记，做过学区主任，做过中心学校校长，做过教育局普通职员，做过教研员。但不管在什么岗位，我都始终站在教学一线。

不断实践与研究，让我对教育教学有了自己的观点。

我认为不管教育的形态与描述怎样变化，教育会永保其正——促进学生全面、健康成长。坚守教育之正，以教育之正为归依，是教学的本分。我认为教学有各种不同之道。教师要让孩子始终站在自己的视野，走在智慧之道上。我认为教师不能只期待别人做出好教育，而要从我做起，行动起来，修养自我，成就好学生、好学校、好教育、好教师与好人生。我认为教育研究是教育发展的根本推动力。尊重不同的教育研究以及教育研究与教育管理之间的距离与矛盾，不消极，保持纯净的心，不断努力，教育研究才可卓越有效。我认为把他人的教育实践与观点当成成果和养料，自己的教育实践与观点才可更灵动、更闪亮。

教育观点，几乎人人都有。但能够以文字表达自己的观点，并把自己的表达以书的形式出版传播的人，是幸运的人。

我是幸运的人。

我的幸运在于我热爱教育，喜欢思考与写作。由于有这样的热爱与喜欢，我对教育教学能够始终保持着热情，不断实践与研究，并用文字表达、整理自己的观点，且不觉艰难和负累。

"我的幸运在于我拥有研究教育的时空。终日忙碌，安不下心的人难以研究教育，研究教育需要更多清净的时空。我成为教研员后，拥有了更多自主的时空，观察、思考、研究教育成了我的工作和职责。同时，妻子贤惠能干，女儿发展顺利，家庭安定和谐，为我安心、有效观察、思考、研究教育创设了前提。就人生而言，能够拥有自主的时空、安定和谐的家庭，做自己喜爱的工作，是很难得的事。

我的幸运更在于我遇到了坚定支持我的王建农先生、刘论文先生和钟文革先生。我不是名人，才疏学浅，出书需要经济支持，需要出版公司认可，出版一本书实属不易。我的书能够公开出版发行，全在于三位先生以及知识产权出版社对我的认可和支持。"

自己的书如同自己的孩子。对别人来说，孩子的出生，也许平凡，不值一提，但对母亲来说，是人生最大的幸福。我的书出版发行，是一个果熟，是一朵花开，也是对认可我的人和美好生活的回报！